रावण वध

विवेक कुमार पांडे शंभुनाथ

ISBN 979-888606214-4

क्रम-सूची

प्रस्तावना

इस किताब में संक्षेप में दिया गया है कि कैसे रावण का अंहकार और उसके क्रोध से पुरे लंका का सर्व नाश हो जाता है.। इस किताब को लिखने के दौरान कोई भी धर्म और कोई भी जाती एवम किसी भी परिवार के सदस्य को नुकसान नहीं पहुंचा या गया है और इस किताब को लिखा है श्री विवेक कुमार पांडे शंभुनाथ जी ने.।

भूमिका

मेरा नाम विवेक कुमार पांडे है और मैं एक लेखक हु , में गुजरात के सुरत में निवास करता हूं.मेरा जन्म ३० सेप्टेंबर को २००२ में हुआ था, और मुझे बचपन से एक्टर बनने का सोख रहा है और अभी भी है.। में कभी ये नहीं सोचता की लोग क्या कर रहे हैं में ये सोचता हूं कि में क्या कर रहा हूं, में आज सफल हूं तो अपने पापा की वजह से आज वो रहते तो उन्हें बहुत खुशी होती , वो सदा और हमेशा मेरे साथ रहेंगे.।

1

रावण के जन्म की कथा

- **रावण के जन्म की कथा**

अगस्त्य मुनि ने कहना जारी रखा, "पिता की आज्ञा पाकर कैकसी विश्रवा के पास गई और उन्हें अपने अभिप्राय से अवगत कराया। उस समय भयंकर आँधी चल रही थी। आकाश में मेघ गरज रहे थे। कैकसी का अभिप्राय जानकर विश्रवा ने कहा कि भद्रे! तुम इस कुबेला में आई हो। मैं तुम्हारी इच्छा तो पूरी कर दूँगा परन्तु इससे तुम्हारी सन्तान दुष्ट स्वभाव वाली और क्रूरकर्मा होगी। मुनि की बात सुनकर कैकसी उनके चरणों में गिर पड़ी और बोली कि भगवन्! आप ब्रह्मवादी महात्मा हैं। आपसे मैं ऐसे दुराचारी सन्तान पाने की आशा नहीं करती। अतः आप मुझ पर कृपा करें। कैकसी के वचन सुनकर मुनि विश्रवा ने कहा कि अच्छा तो तुम्हारा सबसे छोटा पुत्र सदाचारी और धर्मात्मा होगा।

"इस प्रकार कैकसी के दस मुख वाले पुत्र का जन्म हुआ जिसका नाम दशग्रीव रखा गया। उसके पश्चात् कुम्भकर्ण, शूर्पणखा और विभीषण के जन्म हुये। दशग्रीव और कुम्भकर्ण अत्यन्त दुष्ट थे, किन्तु विभीषण धर्मात्मा प्रकृति का था। दशग्रीव ने अपने भाइयों सहित ब्रह्माजी की तपस्या की। ब्रह्मा के प्रसन्न होने पर दशग्रीव ने माँगा कि मैं गरुड़, नाग, यक्ष, दैत्य, दानव, राक्षस तथा देवताओं के लिये अवध्य हो जाऊँ। ब्रह्मा जी ने 'तथास्तु' कहकर उसकी इच्छा पूरी कर दी। विभीषण ने धर्म में अविचल मति का और कुम्भकर्ण ने वर्षों तक सोते रहने का वरदान पाया।

"फिर दशग्रीव ने लंका के राजा कुबेर को विवश किया कि वह लंका छोड़कर अपना राज्य उसे सौंप दे। अपने पिता विश्रवा के समझाने पर कुबेर ने लंका का परित्याग कर दिया और रावण अपनी सेना, भाइयों तथा सेवकों के साथ लंका में रहने लगा। लंका में जम जाने के बाद अपने बहन शूर्पणखा का विवाह कालका के पुत्र दानवराज विद्युविह्वा के साथ कर दिया। उसने स्वयं दिति के पुत्र मय की कन्या मन्दोदरी से विवाह किया जो हेमा नामक अप्सरा के गर्भ से उत्पन्न हुई थी। विरोचनकुमार बलि की पुत्री वज्रज्वला से कुम्भकर्ण का

और गन्धर्वराज महात्मा शैलूष की कन्या सरमा से विभीषण का विवाह हुआ। कुछ समय पश्चात् मन्दोदरी ने मेघनाद को जन्म दिया जो इन्द्र को परास्त कर संसार में इन्द्रजित के नाम से प्रसिद्ध हुआ।

"सत्ता के मद में रावण उच्छृंखल हो देवताओं, ऋषियों, यक्षों और गन्धर्वों को नाना प्रकार से कष्ट देने लगा। एक बार उसने कुबेर पर चढ़ाई करके उसे युद्ध में पराजित कर दिया और अपनी विजय की स्मृति के रूप में कुबेर के पुष्पक विमान पर अधिकार कर लिया। उस विमान का वेग मन के समान तीव्र था। वह अपने ऊपर बैठे हुये लोगों की इच्छानुसार छोटा या बड़ा रूप धारण कर सकता था। विमान में मणि और सोने की सीढ़ियाँ बनी हुई थीं और तपाये हुये सोने के आसन बने हुये थे। उस विमान पर बैठकर जब वह 'शरवण' नाम से प्रसिद्ध सरकण्डों के विशाल वन से होकर जा रहा था तो भगवान शंकर के पार्षद नन्दीश्वर ने उसे रोकते हुये कहा कि दशग्रीव! इस वन में स्थित पर्वत पर भगवान शंकर क्रीड़ा करते हैं, इसलिये यहाँ सभी सुर, असुर, यक्ष आदि का आना निषिद्ध कर दिया गया है। नन्दीश्वर के वचनों से क्रुद्ध होकर रावण विमान से उतरकर भगवान शंकर की ओर चला। उसे रोकने के लिये उससे थोड़ी दूर पर हाथ में शूल लिये नन्दी दूसरे शिव की भाँति खड़े हो गये। उनका मुख वानर जैसा था। उसे देखकर रावण ठहाका मारकर हँस पड़ा। इससे कुपित हो नन्दी बोले कि दशानन! तुमने मेरे वानर रूप की अवहेलना की है, इसलिये तुम्हारे कुल का नाश करने के लिये मेरे ही समान पराक्रमी रूप और तेज से सम्पन्न वानर उत्पन्न होंगे। रावण ने इस ओर तनिक भी ध्यान नहीं दिया और बोला कि जिस पर्वत ने मेरे विमान की यात्रा में बाधा डाली है, आज मैं उसी को उखाड़ फेंकूँगा। यह कहकर उसने पर्वत के निचले भाग में हाथ डालकर उसे उठाने का प्रयत्न किया। जब पर्वत हिलने लगा तो भगवान शंकर ने उस पर्वत को अपने पैर के अँगूठे से दबा दिया। इससे रावण का हाथ बुरी तरह से दब गया और वह पीड़ा से चिल्लाने लगा। जब वह किसी प्रकार से हाथ न निकाल सका तो रोत-रोते भगवान शंकर की स्तुति और क्षमा प्रार्थना करने लगा। इस पर भगवान शंकर ने उसे क्षमा कर दिया और उसके प्रार्थना करने पर उसे एक चन्द्रहास नामक खड्ग भी दिया।"

अगस्त्य मुनि ने कथा को आगे बढ़ाया, "एक दिन हिमालय प्रदेश में भ्रमण करते हुये रावण ने ब्रह्मर्षि कुशध्वज की कन्या वेदवती को तपस्या करते देखा। वह उस पर मुग्ध हो गया और उसके पास आकर उसका परिचय तथा अविवाहित रहने का कारण पूछा। वेदवती ने अपने परिचय देने के पश्चात् बताया कि मेरे पिता विष्णु से मेरा विवाह करना चाहते थे। इससे क्रुद्ध होकर मेरी कामना करने वाले दैत्यराज शम्भु ने सोते में उनका वध कर दिया। उनके मरने पर मेरी माता भी दुःखी होकर चिता में प्रविष्ट हो गई। तब से मैं अपने पिता के इच्छा पूरी करने के लिये भगवान विष्णु की तपस्या कर रही हूँ। उन्हीं को मैंने अपना पति मान लिया है।

"पहले रावण ने वेदवती को बातों में फुसलाना चाहा, फिर उसने जबरदस्ती करने के लिये उसके केश पकड़ लिये। वेदवती ने एक ही झटके में पकड़े हुये केश काट डाले। फिर यह

कहती हुई अग्नि में प्रविष्ट हो गई कि दुष्ट! तूने मेरा अपमान किया है। इस समय तो मैं यह शरीर त्याग रही हूँ, परन्तु तेरा विनाश करने के मैं अयोनिजा कन्या के रूप में जन्म लेकर किसी धर्मात्मा की पुत्री बनूँगी। अगले जन्म में वह कन्या कमल के रूप में उत्पन्न हुई। उस सुन्दर कान्ति वाली कमल कन्या को एक दिन रावण अपने महलों में ले गया। उसे देखकर ज्योतिषियों ने कहा कि राजन्! यदि यह कमल कन्या आपके घर में रही तो आपके और आपके कुल के विनाश का कारण बनेगी। यह सुनकर रावण ने उसे समुद्र में फेंक दिया। वहाँ से वह भूमि को प्राप्त होकर राजा जनक के यज्ञमण्डप के मध्यवर्ती भूभाग में जा पहुँची। वहाँ राजा द्वारा हल से जोती जाने वाली भूमि से वह कन्या फिर प्राप्त हुई। वही वेदवती सीता के रूप में आपकी पत्नी बनी और आप स्वयं सनातन विष्णु हैं। इस प्रकार आपके महान शत्रु रावण को वेदवती ने पहले ही अपने शाप से मार डाला। आप तो उसे मारने में केवल निमित्तमात्र थे।

"अनेक राजा महाराजाओं को पराजित करता हुआ दशग्रीव इक्ष्वाकु वंश के राजा अनरण्य के पास पहुँचा जो अयोध्या पर राज्य करते थे। उसने उन्हें भी द्वन्द युद्ध करने अथवा पराजय स्वीकार करने के लिये ललकारा। दोनों में भीषण युद्ध हुआ किन्तु ब्रह्माजी के वरदान के कारण रावण उनसे पराजित न हो सका। जब अनरण्य का शरीर बुरी तरह से क्षत-विक्षत हो गया तो रावण इक्ष्वाकु वंश का अपमान और उपहास करने लगा। इससे कुपित होकर अनरण्य ने उसे शाप दिया कि तूने अपने व्यंगपूर्ण शब्दों से इक्ष्वाकु वंश का अपमान किया है, इसलिये मैं तुझे शाप देता हूँ कि महात्मा इक्ष्वाकु के इसी वंश में दशरथनन्दन राम का जन्म होगा जो तेरा वध करेंगे। यह कहकर राजा स्वर्ग सिधार गये।

"रावण की उद्दण्डता में कमी नहीं आई। राक्षस या मनुष्य जिसको भी वह शक्तिशाली पाता, उसी के साथ जाकर युद्ध करने करने लगता। एक बार उसने सुना कि किष्किन्धापुरी का राजा वालि बड़ा बलवान और पराक्रमी है तो वह उसके पास युद्ध करने के लिये जा पहुँचा। वालि की पत्नी तारा, तारा के पिता सुषेण, युवराज अंगद और उसके भाई सुग्रीव ने उसे समझाया कि इस समय वालि नगर से बाहर सन्ध्योपासना के लिये गये हुये हैं। वे ही आपसे युद्ध कर सकते हैं। और कोई वानर इतना पराक्रमी नहीं है जो आपके साथ युद्ध कर सके। इसलिये आप थोड़ी देर उनकी प्रतीक्षा करें। फिर सुग्रीव ने कहा कि राक्षसराज! सामने जो शंख जैसे हड्डियों के ढेर लगे हैं वे वालि के साथ युद्ध की इच्छा से आये आप जैसे वीरों के ही हैं। वालि ने इन सबका अन्त किया है। यदि आप अमृत पीकर आये होंगे तो भी जिस क्षण वालि से युद्ध करेंगे, वह क्षण आपके जीवन का अन्तिम क्षण होगा। यदि आपको मरने की बहुत जल्दी हो तो आप दक्षिण सागर के तट पर चले जाइये। वहीं आपको वालि के दर्शन हो जायेंगे।

"सुग्रीव के वचन सुनकर रावण विमान पर सवार हो तत्काल दक्षिण सागर में उस स्थान पर जा पहुँचा जहां वालि सन्ध्या कर रहा था। उसने सोचा कि मैं चुपचाप वालि पर आक्रमण कर दूँगा। वालि ने रावण को आते देख लिया परन्तु वह तनिक भी विचलित नहीं हुआ और

वैदिक मन्त्रों का उच्चारण करता रहा। ज्योंही उसे पकड़ने के लिये रावण ने पीछे से हाथ बढ़ाया, सतर्क वालि ने उसे पकड़कर अपनी काँख में दबा लिया और आकाश में उड़ चला। रावण बार-बार वालि को अपने नखों से कचोटता रहा किन्तु वालि ने उसकी कोई चिन्ता नहीं की। तब उसे छुड़ाने के लिये रावण के मन्त्री और अनुचर उसके पीछे शोर मचाते हुये दौड़े परन्तु वे वालि के पास तक न पहुँच सके। इस प्रकार वालि रावण को लेकर पश्चिमी सागर के तट पर पहुँचा। वहाँ उसने सन्ध्योपासना पूरी की। फिर वह दशानन को लिये हुये किष्किन्धापुरी लौटा। अपने उपवन में एक आसन पर बैठकर उसने रावण को अपनी काँख से निकालकर पूछा कि अब कहिये आप कौन हैं और किसलिये आये हैं?

"रावण ने उत्तर दिया कि मैं लंका का राजा रावण हूँ। आपके साथ युद्ध करने के लिये आया था। वह युद्ध मुझे प्राप्त हो चुका है। मैंने आपका अद्भुत बल देख लिया। अब मैं अग्नि की साक्षी देकर आपसे मित्रता करना चाहता हूँ। फिर दोनों ने अग्नि की साक्षी देकर एक दूसरे से मित्रता स्थापित की।"

2
सीता हरण

• **सीता हरण**

लक्ष्मण के जाने के पश्चात् रावण को अवसर मिल गया। वह ब्राह्मण भिक्षुक का वेष धारण कर रावण सीता के पास आया और बोला, "हे सुन्दरी! तुम कोई वन देवी हो या लक्ष्मी अथवा कामदेव की प्रिया स्वयं रति हो? इस पृथ्वी पर तो मैंने तुम्हारे जैसी रूपवती, लावण्यमयी युवती मैंने आज तक इस संसार में नहीं देखा है। तुम कौन हो? किसकी कन्या हो? और इस वन में किस लिये निवास कर रही हो? कहाँ यह तुम्हारा तीनों लोकों में सबसे सुन्दर रूप, तुम्हारी सुकुमारता और कहाँ इस दुर्गम वन में निवास? यह स्थान तो इच्छानुसार रूप धारण करनेवाले भयंकर राक्षसों का निवासस्थान है। तुम यहाँ से चली जाओ, तुम यहाँ रहने योग्य नहीं हो।"

सीता ने कहा, "हे ब्राह्मण! मेरा नाम सीता है। मैं मिथिलानरेश जनक की पुत्री और अयोध्यापति दशरथ के ज्येष्ठ पुत्र श्री रामचन्द्र की पत्नी हूँ। पिता की आज्ञा से मेरे पति अपने भाई भरत को अयोध्या का राज्य दे कर चौदह वर्ष के लिये वनवास कर रहे हैं। उन पराक्रमी सत्यपरायण वीर के साथ मेरे तेजस्वी देवर लक्ष्मण भी हैं। आप अतिथि हैं अतः इस आसन पर बैठ कर यह जल और फल ग्रहण कीजिये। मेरे पति अभी आते ही होंगे। अब आप बताइये महात्मन्! आप कौन हैं और यहाँ किस उद्देश्य से पधारे हैं?"

सीता का प्रश्न सुन कर रावण गरज कर बोला, "हे सीते! मैं तीनों लोकों, चौदह भुवनों का विजेता महाप्रतापी लंकापति रावण हूँ जिसके नाम से देवता, दानव, यक्ष, किन्नर, गन्धर्व, मुनि सभी भयभीत रहते हैं। इन्द्र, वरुण, कुबेर जैसे देवता जिसकी सेवा कर के अपने आप को धन्य समझते हैं। मैं तुम्हारे लावण्यमय सौन्दर्य को देख कर अपनी सुन्दर रानियों को भी भूल गया हूँ और मैं तुम्हें ले जा कर अपनी भार्या बनाना चाहता हूँ। हे मृगलोचने! तुम मेरे साथ चल कर नाना देशों से आई हुई मेरी अत्यन्त सुन्दर रानियों पर पटरानी बन कर शासन

करो। मेरी नगरी लंका की सुन्दरता को देख कर तुम इस वन के कष्टों को भूल जाओगी। इसलिये मेरे साथ चलने को तैयार हो जाओ।"

रावण का नीचतापूर्ण प्रस्ताव सुन कर सीता क्रुद्ध स्वर में बोली, "हे अधम राक्षस! तुम परम तेजस्वी, अद्भुत पराक्रमी और महान योद्धा रामचन्द्र के पराक्रम को नहीं जानते इसीलिये तुम मेरे सम्मुख यह कुत्सित प्रस्ताव रखने का दुःसाहस कर रहे हो। अरे मूर्ख! क्या तू वनराज सिंह के मुख में से उसके दाँत उखाड़ना चाहता है? तेरे सिर पर काल नाच रहा है इसीलिये तू यह घृणित प्रस्ताव ले कर यहाँ आया है। तेरी मृत्यु ही तुझे यहाँ ले कर आई है।"

सीता के ये अपमानजनक वाक्य सुन कर रावण के अत्यन्त कुपित हो गया। आँखें लाल करते हुये उसने कहा, "सीते! तू मेरे बल और प्रताप को नहीं जानती। मैं आकाश में खड़ा हो कर पृथ्वी को गेंद की भाँति उठा सकता हूँ। अथाह समुद्र को एक चुल्लू में भर कर पी सकता हूँ। मैं तुझे लेने के लिये आया हूँ और ले कर ही जाउँगा।"

यह कह कर रावण ने अपने ब्राह्मण वेश को त्याग कर विकराल रूप धारण कर लिया और दोनों हाथों से सीता को उठा कर अपने कंधे पर बिठा निकटवर्ती खड़े विमान पर जा सवार हुआ। इस प्रकार अप्रत्यशित रूप से पकड़े जाने पर सीता ने 'हा राम! हा राम!!' कहते हुये स्वयं को रावण के हाथों से छुड़ाने का प्रयास किया। परन्तु बलवान रावण के सामने उनकी एक न चली। उसने उन्हें बाँध कर विमान में एक ओर डाल दिया और तीव्र गति से लंका की ओर चल पड़ा। सीता निरन्तर विलाप किये जा रही थी, "हा राम! पापी रावण मुझे लिये जा रहा है। हे लक्ष्मण! तुम कहाँ हो? तुम्हारी बलवान भुजाएँ इस समय इस दुष्ट से मेरी रक्षा क्यों नहीं करतीं? हाय! आज कैकेयी की मनोकामना पूरी हुई।"

इस प्रकार विलाप करती हुई सीता ने मार्ग में खड़े जटायु को देखा। जटायु को देखते ही सीता चिल्लाई, "हे आर्य जटायु! देखो, लंका का यह दुष्ट राजा रावण मेरा अपहरण कर के लिये जा रहा है। इस नराधम से आप मेरी रक्षा करने में आप असमर्थ हैं क्योंकि यह बलवान है और अनेक युद्धों में विजय पाने के कारण इसका दुस्साहस बढ़ा हुआ है। आप रावण द्वारा मेरे हर लिये जाने का यह वृत्तान्त मेरे पति से तो अवश्य ही कह देना।"

3

जटायु वध

- जटायु वध

सीता की करुण पुकार सुन कर जटायु ने उस ओर देखा तथा रावण को सीता सहित विमान में जाते देख बोले, "अरे रावण! तू एक पर-स्त्री का अपहरण कर के ले जा रहा है। अरे लंकेश! यह महाप्रतापी श्री रामचन्द्र जी की भार्या है। एक राजा होकर तू ऐसा निन्दनीय कर्म कैसे कर रहा है? राजा का धर्म तो पर-स्त्री की रक्षा करना है। तू काम के वशीभूत हो कर अपना विवेक खो बैठा है। छोड़ दे राम की पत्नी को। हे रावण! मेरे समक्ष तू सीता को नहीं ले जा सकता। प्राण रहते तक मैं सीता की रक्षा करूँगा। ठहर! मैं अभी आता हूँ तुझसे युद्ध करने।"

जटायु के इन कठोर अपमानजनक शब्दों को सुन कर रावण उसकी ओर झपटा जो सीता को मुक्त कराने के लिये विमान की ओर तेजी से बढ़ रहा था। विशालाकार दो पर्वतों की भाँति वे एक दूसरे से टकराये। क्रुद्ध जटायु ने अपने पराक्रम से दो बार रावण के धनुष को तोड़ डाला, उसके रथ को तहस-नहस कर डाला और रावण के सारथि का वध कर डाला। उन्होंने मार-मार कर रावण को घायल कर दिया। घायल होने के बाद भी, रावण वृद्ध और दुर्बल जटायु से अधिक शक्तिशाली था। अवसर पा कर उसने जटायु की दोनों भुजायें काट दीं। पीड़ा से व्याकुल हो कर मूर्च्छित हो वह पृथ्वी पर गिर पड़ा।

जटायु को भूमि पर गिरते देख जानकी "हा राम! हा लक्ष्मण!!" कह कर विलाप करने लगीं। रावण ने सीता को उसके केश पकड़ कर उठा लिया और आकाशमार्ग से लंका की ओर उड़ने लगा। उस समय उन्नत भाल वाली, सुन्दर कृष्ण केशों वाली, गौरवर्णा, मृगनयनी जानकी का सुन्दर मुख रावण की गोद में पड़ा ऐसा प्रतीत हो रहा था जैसे पूर्णमासी का चन्द्रमा नीले बादलों को चीर कर चमक रहा हो। सीता का क्रन्दन सुन कर वन के सिंह, बाघ, मृग आदि रावण से कुपित हो कर उसके विमान के नीचे उसके पीछे पीछे दौड़ने लगे। पर्वतों से गिरते हुये जल-प्रपात ऐसे प्रतीत हो रहे थे मानों वे भी सीता के दुःख से दुःखी हो कर करुण

•7•

क्रन्दन करते हुये अश्रु बहा रहे हों। श्वेत बादल से आच्छादित सूर्य भी ऐसा प्रतीत हो रहा था जैसे अपनी कुलवधू की दुर्दशा देख कर उसका मुख श्रीहीन हो गया हो। सब सीता के दुःख से दुःखी हो रहे थे।

दुष्ट रावण से मुक्ति का कोई उपाय न देखकर सीता दीनतापूर्वक परमात्मा से प्रार्थना करने लगी, "हे परमपिता परमात्मा! हे प्रभो! मेरी रक्षा करो, रक्षा करो! हे सर्वशक्तिमान! इस समय मेरी रक्षा करने वाला तुम्हारे अतिरिक्त और कोई नहीं है। हे दयामय! मेरे सतीत्व की रक्षा करने वाले केवल तुम ही हो।"

मार्ग में सीता ने नीचे एक पर्वत पर पाँच वानरों को बैठे देखा। उनको देख कर सीता ने, यह सोचकर कि शायद ये राम को मेरा समाचार बता सकें, अपने सुनहरे रंग की रेशमी चादर में वस्त्र-आभूषण बाँधकर उसे उन वानरों के बीच गिरा दिया। तीव्र गति से उड़ने में व्यस्त रावण को सीता के इस कार्य का बोध नहीं हो पाया।

वनों, पर्वतों और सागर को पार करता हुआ रावण सीता सहित लंकापुरी में पहुँचा। वहाँ उसने सीता को मय दानव द्वारा निर्मित सुन्दर महल में रखा और क्रूर राक्षसियों को बुला कर आज्ञा दी, "मेरी आज्ञा के बिना कोई भी इस स्त्री से मिलने न पावे। यह जो भी वस्त्र, आभूषण, खाद्यपदार्थ माँगे, वह तत्काल इसे दिया जाय। इसे किसी भी प्रकार का कष्ट नहीं होना चाहिये और न कोई इसका तिरस्कार करे। अवज्ञा करने वालों को दण्ड मिलेगा।"

इस प्रकार राक्षसनियों को आदेश दे कर अपने महल में पहुँचा। वहाँ उसने अपने आठ शूरवीर सेनापतियों को बुला कर आज्ञा दी, "तुम लोग जा कर दण्डक वन में रहो। हमारे जनस्थान को राम लक्ष्मण नामक दो तपस्वियों ने उजाड़ दिया है। तुम वहाँ रह कर उनकी गतिविधियों पर दृष्टि रखो और उनकी सूचना मुझे यथाशीघ्र देते रहो। अवसर पा कर उन दोनों की हत्या कर डालो। मैं तुम्हारे पराक्रम से भली-भाँति परिचित हूँ इसीलिये उन्हें मारने का दायित्व तुम्हें सौंप रहा हूँ।"

उन्हें इस प्रकार आदेश दे कर वह कामी राक्षस वासना से पीड़ित हो कर सीता से मिलने के लिये चल पड़ा।

4

रावण-सीता संवाद

- रावण-सीता संवाद

दुःख से कातर और राम के वियोग में अश्रु बहाती हुई सीता के पास जा कर रावण बोला, "शोभने! अब उस राज्य से च्युत, दीन, तपस्वी राम के लिये अश्रु बहाना व्यर्थ है। राम में इतनी शक्ति कहाँ है कि यहाँ तक आने का मनोरथ भी कर सके। तू उसे विस्मृत कर दे। विशाललोचने! तू मुझे पति के रूप में अंगीकार ले। समुद्र से घिरे सौ योजन विस्तार वाले अपने इस राज्य को मैं तुझे अर्पित कर दूँगा। मैं, जो तीनों लोकों का स्वामी हूँ, तेरे चरणों का दास बन कर रहूँगा। मेरी समस्त सुन्दर रानियाँ तेरी दासी बन कर रहेंगी। समस्त देव, दानव, नर, किन्नर जो मेरे दास हैं, तेरे दास बन कर रहेंगे। तेरे पहले के दुष्कर्म तुझे वनवास का कष्ट देकर समाप्त हो चुके हैं और अब तेरा पुण्यकर्म ही शेष रह गया है। अब मेरे साथ यहाँ रह कर समस्त प्रकार के पुष्पहार, दिव्य गंध और श्रेष्ठ आभूषण आदि का सेवन कर। सुमुखि! तेरा यह कमल के समान सुन्दर, निर्मल और मनोहर मुख शोक से पीड़ित होकर शोभाहीन हो गया है, मुझे स्वीकार करके उसे पुनः शोभायमान कर। धर्म और लोकलाज का भय निर्मूल है, यह सब मात्र तेरे मिथ्या विचार हैं। किसी सुन्दरी का युद्ध में हरण कर के उसके साथ विवाह करना भी तो वैदिक रीति का ही एक अंग है। इसलिये तू निःशंक हो कर मेरी बन जा। मैं तेरे इन कोमल चरणों पर अपने ये दसों मस्तक रख रहा हूँ, मुझ पर शीघ्र कृपा कर।"

रावण के इन वचनों को सुन कर शोक से कष्ट पाती हुई वैदेही, अपने और रावण के बीच में तिनके का ओट करके, बोली, "हे नराधम! परम पराक्रमी, धर्मपरायण एवं सत्यप्रतिज्ञ दशरथनन्दन श्री रामचन्द्र जी ही मेरे पति हैं। मैं उनके अतिरिक्त किसी अन्य की ओर दृष्टि तक भी नहीं कर सकती। यदि तूने मुझे बलपूर्वक मेरा अपहरण किया होता तो अपने

भाई खर की तरह जनस्थान के युद्धस्थल पर ही मारा गया होता किन्तु तू कायरों की तरह मुझे चुरा लाया है। तेरे इस अनर्गल प्रलाप से ऐसा प्रतीत होता है कि अब लंका सहित तेरे विनाश का समय आ गया है। तू इस भ्रम में मत रह कि यदि देवता और राक्षस तेरा कुछ नहीं बिगाड़ सके तो राम भी तुझे नहीं मार सकेंगे। उनके हाथों से ही तेरी मृत्यु निश्चित है। अब तेरा जीवनकाल समाप्तप्राय हो चुका है। तेरे तेज, बल और बुद्धि तो पहले ही नष्ट हो चुके हैं। और जिसकी बुद्धि नष्ट हो चुकी होती है, उसका विनाश-काल दूर नहीं होता। अरे राक्षसाधम! तू महापापी है इसलिये मेरा स्पर्श नहीं कर सकता। तूने कभी सोचा भी है कि कमलों में विहार करने वाली हंसिनी क्या कभी कुक्कुट के साथ रह सकती है? तू मेरे इस संज्ञाशून्य जड़ शरीर को बाँध कर रख ले या काट डाल पर मैं कलंक देने वाला कोई भी निन्दनीय कार्य नहीं कर सकती।"

सीता के कठोर एवं अपमानजनक वाक्य सुन कर रावण कुपित हो कर बोला, "हे मनोहर हास्य वाली भामिनी! मैं तुझे बारह माह का समय देता हूँ। यदि एक वर्ष के अन्दर तू स्वेच्छापूर्वक मेरे पास नहीं आई तो मैं तेरे टुकड़े-टुकड़े कर दूँगा।"

फिर वह राक्षसनियों से बोला, "तुम इसे यहाँ से अशोक वाटिका में ले जा कर रखो और जितना भय और कष्ट दे सकती हो, दो।"

लंकापति रावण की आज्ञा पाकर राक्षसनियाँ सीता को अशोक वाटिका में ले गईं। अशोक वाटिका एक रमणीय स्थल था किन्तु पति वियोग और निशाचरी दुर्व्यवहार के कारण सीता वहाँ अत्यन्त दुःखी थीं।

सीता का अशोकवाटिका में प्रवेश जानकर पितामह ब्रह्मा देवराज इन्द्र के पास आये और बोले, "सदा सुख में पली हुई पतिव्रता महाभागा सीता पति के चरणों के दर्शन से वंचित होने के कारण दुःख और चिन्ताओं से सन्तप्त हो गई हैं और प्राणयात्रा (भोजन) नहीं कर रही हैं। ऐसी दशा में निःसन्देह वे अपना प्राणत्याग कर देंगी। अतः तुम शीघ्र लंकापुरी में प्रवेश करके उन्हें उत्तम हविष्य प्रदान करो।"

ब्रह्मा जी के आज्ञानुसार इन्द्र तत्काल लंकापुरी पहुँचे। उन्होंने निद्रादेवी की सहायता से समस्त राक्षसों को मोहित कर दिया। फिर वे सीता के पास जाकर बोले, "हे देवि! आप शोक न करें। मैं, शचीपति इन्द्र, राम की सहायता करूँगा। मेरे प्रसाद से वे विशाल सेना लेकर समुद्र पार करके यहाँ आयेंगे। अतः तुम इस हविष्य को स्वीकार करो। इसे खा लेने पर तुम्हें हजारों वर्षों तक भूख और प्यास सन्तप्त नहीं कर पायेंगे।"

शंकित सीता ने उनसे कहा, "मुझे कैसे विश्वास हो कि आप देवराज इन्द्र ही हैं?"

इस पर देवराज इन्द्र ने समस्त देवोचित लक्षणों का प्रदर्शन करके सीता की शंका का निवारण कर दिया।

विश्वास हो जाने पर सीता बोलीं, "यह मेरा सौभाग्य है कि आज आपके मुख से मुझे अपने पति का नाम सुनने को मिला। आप मेरे लिये मेरे श्वसुर दशरथ और पिता जनक के तुल्य हैं। मैं आपके हाथों से इस पायसरूप हविष्य (दूध से बनी हुई खीर) को स्वीकार करती

हूँ। यह रघुकुल की वृद्धि करने वाला हो।"

इस प्रकार से इन्द्र द्वारा प्रदत्त हविष्य को खाकर जानकी भूख-प्यास के कष्ट से मुक्त हो गईं और देवराज इन्द्र, राक्षसों को मोहित करने वाली निद्रा के साथ, देवलोक को चले गये।

5

हनुमान जी का लंका में प्रवेश

* **हनुमान जी का लंका में प्रवेश**

चार सौ योजन अलंघनीय समुद्र को लाँघ कर महाबली हनुमान जी त्रिकूट नामक पर्वत के शिखर पर स्वस्थ भाव से खड़े हो गये। कपिश्रेष्ठ ने वहाँ सरल (चीड़), कनेर, खिले हुए खजूर, प्रियाल (चिरौंजी), मुचुलिन्द (जम्बीरी नीबू), कुटज, केतक (केवड़े), सुगन्धपूर्ण प्रियंगु (पिप्पली), नीप (कदम्ब या अशोक), छितवन, असन, कोविदार तथा खिले हुए करवीर भी देखे। फूलों के भार से लदे हुए तथा मुकुलित (अधखिले), बहुत से वृक्ष भी उन्हें दृष्टिगोचर हुए जिनकी डालियाँ झूम रही थीं और जिन पर नाना प्रकार के पक्षी कलरव कर रहे थे।

हनुमान जी धीरे धीरे अद्भुत शोभा से सम्पन्न रावणपालित लंकापुरी के पास पहुँचे। उन्होंने देखा, लंका के चारों ओर कमलों से सुशोभित जलपूरित खाई खुदी हुई है। वह महापुरी सोने की चहारदीवारी से घिरी हुई हैं। श्वेत रंग की ऊँची ऊँची सड़कें उस पुरी को सब ओर से घेरे हुए थीं। सैकड़ों गगनचुम्बी अट्टालिकाएँ ध्वजा-पताका फहराती हुई उस नगरी की शोभा बढ़ा रही हैं।

उस पुरी के उत्तर द्वार पर पहुँच कर वानरवीर हनुमान जी चिन्ता में पड़ गये। लंकापुरी भयानक राक्षसों से उसी प्रकार भरी हुई थी जैसे कि पाताल की भोगवतीपुरी नागों से भरी रहती है। हाथों में शूल और पट्टिश लिये बड़ी बड़ी दाढ़ों वाले बहुत से शूरवीर घोर राक्षस लंकापुरी की रक्षा कर रहे थे। नगर की इस भारी सुरक्षा, उसके चारों ओर समुद्र की खाई और रावण जैसे भयंकर शत्रु को देखकर हनुमान जी विचार करने लगे कि यदि वानर वहाँ तक आ जायें तो भी वे व्यर्थ ही सिद्ध होंगे क्योंकि युद्ध द्वारा देवता भी लंका पर विजय नहीं पा सकते। रावणपालित इस दुर्गम और विषम (संकटपूर्ण) लंका में महाबाहु रामचन्द्र आ

भी जायें तो क्या कर पायेंगे? राक्षसों पर साम, दान और भेद की नीति का प्रयोग असम्भव दृष्टिगत हो रहा है। यहाँ तो केवल चार वेगशाली वानरों अर्थात् बालिपुत्र अंगद, नील, मेरी और बुद्धिमान राजा सुग्रीव की ही पहुँच हो सकती है। अच्छा पहले यह तो पता लगाऊँ कि विदेहकुमारी सीता जीवित भी है या नहीं? जनककिशोरी का दर्शन करने के पश्चात् ही मैं इस विषय में कोई विचार करूँगा।

उन्होंने सोचा कि मैं इस रूप से राक्षसों की इस नगरी में प्रवेश नहीं कर सकता क्योंकि बहुत से क्रूर और बलवान राक्षस इसकी रक्षा कर रहे हैं। जानकी की खोज करते समय मुझे स्वयं को इन महातेजस्वी, महापराक्रमी और बलवान राक्षसों से गुप्त रखना होगा। अतः मुझे रात्रि के समय ही नगर में प्रवेश करना चाहिये और सीता का अन्वेषण का यह समयोचित कार्य करने के लिये ऐसे रूप का आश्रय लेना चाहिये जो आँख से देखा न जा सके, मात्र कार्य से ही यह अनुमान हो कि कोई आया था।

देवताओं और असुरों के लिये भी दुर्जय लंकापुरी को देखकर हनुमान जी बारम्बार लम्बी साँस खींचते हुये विचार करने लगे कि किस उपाय से काम लूँ जिसमें दुरात्मा राक्षसराज रावण की दृष्टि से ओझल रहकर मैं मिथिलेशनन्दिनी जनककिशोरी सीता का दर्शन प्राप्त कर सकूँ। अविवेकपूर्ण कार्य करनेवाले दूत के कारण बने बनाये काम भी बिगड़ जाते हैं। यदि राक्षसों ने मुझे देख लिया तो रावण का अनर्थ चाहने वाले श्री राम का यह कार्य सफल न हो सकेगा। अतः अपने कार्य की सिद्धि के लिये रात में अपने इसी रूप में छोटा सा शरीर धारण करके लंका में प्रवेश करूँगा और घरों में घुसकर जानकी जी की खोज करूँगा।

ऐसा निश्चय करके वीर वानर हनुमान सूर्यास्त की प्रतीक्षा करने लगे। सूर्यास्त हो जाने पर रात के समय उन्होंने अपने शरीर को छोटा बना लिया और उछलकर उस रमणीय लंकापुरी में प्रवेश कर गये।

6

रावण-सीता संवाद

- रावण-सीता संवाद

इस प्रकार फूले हुए वृक्षों से सुशोभित उस वन की शोभा देखते और विदेहनन्दिनी का अनुसंधान करते हुए हनुमान जी की वह सारी रात प्रायः व्यतीत हो चली। रात्रि जब मात्र एक प्रहर बाकी रही तो रात के उस पिछले प्रहर में छहों अंगोंसहित सम्पूर्ण वेदों के विद्वान तथा श्रेष्ठ यज्ञों द्वारा यजन करने वाले ब्रह्म-राक्षसों के घर में वेदपाठ की ध्वनि होने लगी जिसे हनुमान जी ने सुना।

तदन्तर मंगल वाद्यों तथा श्रवण-सुखद शब्दों द्वारा महाबाहु दशमुख रावण को जगाया गया। जागने पर महाभागी एवं प्रतापी राक्षसराज रावण ने सबसे पहले विदेहनन्दिनी सीता का चिन्तन किया। सीता के प्रति आसक्त एवं काम से प्रेरित रावण ने सब प्रकार के आभूषण धारण कर तथा परम उत्तम शोभा से सम्पन्न हो अशोकवाटिका में प्रवेश किया। पुलस्त्यनन्दन रावण के पीछे-पीछे लगभग एक सौ सुन्दरियाँ भी थीं। काम के आधीन एवं मन में सीता की आस लगाये मन्दगति से आगे बढ़ता रावण अद्भुत शोभा पा रहा था। काम, दर्प और मद से युक्त अचिन्त्य बल-पौरुष से सम्पन्न रावण के अशोकवाटिका के द्वार तक पहुँचने पर कपिवर हनुमान जी ने उसे देखा। यद्यपि मतिमान् हनुमान जी अत्यन्त उग्रतेजस्वी थे, तथापि रावण के तेज से तिरस्कृत-से होकर सघन पत्तों में घुसकर छिप गये।

अनिंद्य सुन्दरी राजकुमारी सीता ने जब उत्तमोत्तम आभूषणों से विभूषित तथा रूप-यौवन से सम्पन्न राक्षसराज रावण को आते देखा तो वे प्रचण्ड हवा में हिलने वाली कदली के समान भय के मारे थर-थर काँपने लगीं। सुन्दर कान्ति वाली विशाललोचना जानकी ने अपने जंघाओं से पेट और दोनों भुजाओं से स्तन छिपा लिये और रुदन करने लगीं। निशाचरियों से घिरी आसन रहित भूमि पर शोक-विह्वल दीन सीता को रावण ने ध्यानपूर्वक देखा जो दृष्टि नीची किये एकटक पृथ्वी की ओर देख रही थी।

ऐसी दुःखी जानकी के पास आकर लंकापति रावण हँसता हुआ बोले, "हे मृगनयनी! मुझे देख कर तू अपने शरीर को छिपाने का प्रयत्न क्यों कर रही है। स्मरण रख, तेरी इच्छा के बिना मैं कदापि तेरा स्पर्श नहीं करूँगा। तू मुझ पर और मेरे कथन पर विश्वास रख और इस प्रकार दुःखी हो कर अश्रु मत बहा। तेरी यह मलिन, आभूषणरहित वेश-भूषा देख कर मुझे अत्यधिक पीड़ा होती है। तू संसार की सुन्दरियों में शिरोमणि है। अपने इस सौन्दर्य तथा यौवन को व्यर्थ नष्ट मत होने दे। यदि एक बार यह यौवन नष्ट हो गया तो फिर लौट कर नहीं आयेगा। मैं फिर कहता हूँ, तू विश्व की अनुपम सुन्दरी है विधाता की अद्वितीय सृष्टि है। तेरे निर्माण में ब्रह्मा ने अपना सारा कौशल और चतुराई लगा दी। इसीलिये तेरी रचना में उसने किसी प्रकार की कोई कमी नहीं रखी है। तेरे किस-किस अंग की मैं सराहना करूँ। जिस अंग पर दृष्टि पड़ती है, उसी पर अटक कर रह जाती है। मैं तुझे पूरे हृदय से अपनाना चाहता हूँ। मैं तेरे प्रत्येक अंग का रसास्वादन करना चाहता हूँ। इसी लिये तुझसे कहता हूँ, तू राम का मोह छोड़ दे। मैं तुझे अपनी पटरानी बनाउँगा। मेरी सब रानियाँ तो तेरी चरणों की दासी बनेंगी ही, मैं भी तेरा दास बन कर रहूँगा। अपने भुजबल से अर्जित सम्पूर्ण सम्पत्ति तेरे चरणों में अर्पित कर दूँगा। जीते हुये समस्त राज्य तेरे पिता जनक को दे दूँगा। तू वास्तव में इतनी सुन्दर है कि तुझे देख कर तो तुझे बनाने वाला स्वयं विधाता कामवश हो जायेगा, मेरी तो बात ही क्या है? इसलिये तू मेरी बात स्वीकार कर ले। राम से भयभीत होने की आवश्यकता कोई नहीं है। संसार में कोई भी मुझसे लोहा नहीं ले सकता। चल, उठ कर खड़ी हो जा और सुन्दर वस्त्राभूषण धारण कर के मेरे साथ रमण कर। हे कल्याणी! चल कर तू मेरे ऐश्वर्य को देख और उस कंगाल वनवासी को भूल जा। तू ही सोच, राम के पास न राज्य है, न धन है, न कोई दास है, न सेना है और न कोई साधन है। फिर यह भी क्या पता है कि वह अभी जीता है या मर गया। यदि जीवित भी हो तो भी न तो तू उसके पास पहुँच सकती है और न वह स्वयं ही यहाँ आ सकता है। अतएव चिन्ता का परित्याग कर के निश्चिन्त हो कर मेरे साथ रमण कर।"

रावण के नीच वचनों को सुन कर मध्य में तृण रख कर जानकी बोलीं, "हे लंकेश! तुम्हारे जैसे विद्वान के लिये यह उचित होगा कि तुम अपनी मर्यादाओं का उल्लंघन न करो और मुझसे अपना मन हटा कर अपनी रानियों से प्रेम करो। स्मरण रखो, पापी और नीच भावना रखने वाले पुरुषों को अपने उद्देश्य में कभी सफलता नहीं मिलती। मैं उत्तम कुल में जन्म लेने वाली पतिपरायणा पत्नी हूँ, तुम मुझे मेरे सतीत्व से कदापि विचलित नहीं कर सकते। अपने प्राण रहते मैं तुम्हारे नीचता से परिपूर्ण प्रस्ताव को किसी भी दशा में स्वीकार नहीं कर सकती। यदि तुममें तनिक भी न्याय-बुद्धि होती तो तुम अन्य स्त्रियों के धर्म की उसी प्रकार रक्षा करते जिस प्रकार अपनी रानियों के सतीत्व की करते हो। क्या इस लंका में ऐसा कोई समझदार व्यक्ति नहीं है जो तुम्हें इस साधारण सी बात का बोध कराये? तुम तो नीतिवान बनते हो, फिर नीति का यह वाक्य कैसे भूल गये कि जिस राजा की इन्द्रियाँ उसके वश में नहीं रहतीं, वह चाहे कितना ही ऐश्वर्यवान हो, अन्त में रसातल को जाता है, उसका सर्वस्व

नष्ट हो जाता है। हे दुर्बुद्धे! तूने अभी तक मुझे पहचाना नहीं है। मैं तेरे ऐश्वर्य, राज्य, धन-सम्पत्ति के लोभ में नहीं फँस सकती। तेरा यह कहना भी एक व्यर्थ का प्रलाप है कि मैं रघुकुलमणि रामचन्द्र जी से नहीं मिल सकती। अरे मूर्ख! वे तो सदैव मेरे हृदय में निवास करते हैं। मुझे कोई उनसे अलग नहीं कर सकता। मेरा उनका ऐसा अटूट सम्बंध है जैसा कि सूर्य का उसकी प्रभा से। इसलिये मैं उनकी हूँ और सदा ही उनकी रहूँगी। यदि तू सोच-समझ कर यह मान ले कि तूने मेरा अपहरण कर के एक भयंकर अपराध किया है और इसलिये मुझे लौटाते हुये तुझे भय लगता है तो मैं तुझे अभयदान देते हुये वचन देती हूँ कि तू मुझे उनके पास पहुँचा दे, मैं तुझे उनसे क्षमा करा दूँगी। यदि तुम अब भी अपनी हठ पर अड़े रहे तो विश्वास करो कि तुम्हारी मृत्यु निश्चित है और तुम्हें उनके बाणों से कोई नहीं बचा सकता। इसलिये मैं फिर कहती हूँ कि सावधान हो जाओ। अपने साथ लंका और लंकावासियों का नाश मत करो। इसी में तुम्हारा और तुम्हारे राक्षसकुल का कल्याण है।"

सीता के ये कठोर वचन सुनकर राक्षसराज रावण ने उन प्रियदर्शना सीता को यह अप्रिय उत्तर दिया, "लोक में पुरुष जैसे-जैसे अनुनय-विनय करता है, वैसे-वैसे ही वह उनका प्रिय होता जाता है किन्तु मैं तुमसे ज्यों-ज्यों मीठे वचन बोलता हूँ त्यों-त्यों तुम मेरा तिरस्कार करती जाती हो। तुम्हारे प्रति जो मेरा प्रेम उत्पन्न हो गया है, वही मेरे क्रोध को रोक रहा है। हे समुखि! यही कारण है कि वध और तिरस्कार के योग्य होने पर भी मैं तुम्हारा वध नहीं कर रहा हूँ। मिथिलेशकुमारी! तुम मुझसे जैसी कठोर बातें कह रही हो, उनके प्रतिकार में तुम्हें कठोर प्राणदण्ड देना ही उचित है। हे सुन्दरि! मैंने तुम्हारे लिये जो अवधि नियुक्त की है उसके अनुसार मुझे दो महीने और प्रतीक्षा करनी है। तत्पश्चात् तुम्हें मेरी शय्या पर आना ही होगा। स्मरण रखो यदि दो महीने बाद तुमने अपना पति स्वीकार नहीं करोगी तो मेरे रसोइये मेरे कलेवे के लिये तुम्हारे टुकड़े-टुकड़े कर डालेंगे।"

राक्षसराज रावण के इन वचनों को सुनकर पातिव्रत्य और पति के शौर्य के अभिमान से परिपूर्ण सीता ने कहा, "निश्चय ही इस नगर में तेरा भला चाहने वाला कोई भी ऐसा पुरुष नहीं है जो तुझे इस निन्दित कर्म से रोके। नीच राक्षस! तूने अमित तेजस्वी श्री राम की भार्या से जो पाप की बात कही है, उसके परिणामस्वरूप दण्ड से तू कहाँ जाकर छुटकारा पायेगा? मैं धर्मात्मा श्री राम की धर्मपत्नी और महाराज दशरथ की पुत्रवधू हूँ। दशमुख रावण! मेरा तेज ही तुझे भस्म कर डालने के लिये पर्याप्त है। केवल श्रीराम की आज्ञा न होने से और अपनी तपस्या को सुरक्षि रखने के विचार से मैं तुझे भस्म नहीं कर रही हूँ। निःसन्देह तेरे वध के लिये ही विधाता ने यह विधा रच दिया है। तू कितना वीर और पराक्रमी है इसका पता तो मुझे उसी दिन चल गया था, जब तेरे पास इतनी विशाल सेना, बल और तेज होते हुये भी तू मुझे चोरों की भाँति मेरे पति की अनुपस्थिति में चुरा लाया था। क्या इससे तेरी कायरता का पता नहीं चलता।"

सीता के मुख से ऐसे अप्रत्याशित एवं अपमानजनक वचन सुनकर रावण का सम्पूर्ण शरीर क्रोध से थर-थर काँपने लगा। उसके नेत्रों से अंगारे बरसाने लगे। वह दहाड़ता हुआ

बोला, "अन्यायी और निर्धन मनुष्य का अनुसरण करने वाली नारी! जैसे सूर्यदेव अपने तेज से प्रातःकालिक संध्या के अन्धकार को नष्ट कर देते हैं उसी प्रकार मैं तेरा तत्काल विनाश किये देता हूँ।"

तत्पश्चात् रावण ने एकाक्षी (एक आँख वाली), एककर्णा (एक कान वाली), अश्वपदी (घोड़े के समान पैर वाली), सिंहमुखी (सिंह के समान मुख वाली) आदि विकराल दिखायी देनेवाली राक्षसियों को सम्बोधित करते हुए कहा, "जिस प्रकार भी हो, सीता को मेरे वश में होने के लिये विवश करो। यदि वह प्रेम से न माने तो इसे मनचाहा दण्ड दो ताकि यह हाथ जोड़ कर गिड़गिड़ाती तुई मुझसे प्रार्थना करे और मुझे अपना पति स्वीकार करे।"

राक्षसियों को इस प्रकार आज्ञा देकर काम और क्रोध से व्याकुल हुआ राक्षसराज रावण सीता की ओर देखकर गर्जना करने लगा। रावण को अत्यन्त क्रोधित देखकर मन्दोदरी और धान्यमालिनी नाम की एक अन्य राक्षस-कन्या शीघ्र रावण के पास आयीं और उसका आलिंगन कर बोलीं, "हे प्राणनाथ! आप इस कुरूप सीता के लिये क्यों इतने व्याकुल होते हैं? भला इसके फीके पतले अधरों, अनाकर्षक कान्ति और छोटे भद्दे आकार में क्या आकर्षण है? आप चल कर मेरे साथ विहार कीजिये। इस अभागी को मरने दीजिये। इसके ऐसे भाग्य कहाँ जो आप जैसे अपूर्व बलिष्ठ, अद्भुत पराक्रमी, तीनों लोकों के विजेता के साथ रमण-सुख प्राप्त कर सके। नाथ! जो स्त्री आपको नहीं चाहती, उसके पीछे उन्मत्त की भाँति दौड़ने से क्या लाभ? इससे तो व्यर्थ ही मन को दुःख होता है।"

जब उन राक्षसियों ने ऐसा कहा और उसे दूसरी ओर हटा ले गयीं तो मेघ के समान काला और बलवान राक्षस रावण जोर-जोर से हँसता हुआ अपने भव्य प्रासाद की ओर चल पड़ा।

7

जानकी राक्षसी घेरे में

• **जानकी राक्षसी घेरे में**

राक्षसराज रावण के चले जाने के बार भयानक रूप वाली राक्षसियों ने सीता को घेर लिया और उन्हें अनेक प्रकार से डराने धमकाने लगीं। वे सीता की भर्त्सना करते हुए कहने लगीं, "हे मूर्ख अभागिन! हे नीच नारी! तीनों लोकों और चौदह भुवनों को अपने पराक्रम से पराजित करने वाले परम तेजस्वी राक्षसराज की शैया प्रत्येक को नहीं मिलती। यह तो तुम्हारा परम सौभाग्य है कि स्वयं लंकापति तुम्हें अपनी अंकशायिनी बनाना चाहते हैं। तनिक विचार कर देखो, कहाँ अगाध ऐश्वर्य, स्वर्णपुरी तथा अतुल सम्पत्ति का एकछत्र स्वामी और कहाँ वह राज्य से निकाला हुआ, कंगालों की भाँति वन-वन में भटकने वाला, हतभाग्य साधारण सा मनुष्य! सोच-समझ कर निर्णय करो और महाप्रतापी लंकाधिपति रावण को पति के रूप में स्वीकार करो। उसकी अद्धार्धांगिनी बनने में ही तुम्हारा कल्याण है। अन्यथा राम के वियोग में तड़प-तड़प कर मरोगी या राक्षसराज के हाथों मारी जाओगी। तुम्हारा यह कोमल शरीर इस प्रकार नष्ट होने के लिये नहीं है। महाराज रावण के साथ विलास भवन में जा कर रमण करो। महाराज तुम्हें इतना विलासमय सुख देंगे जिसकी तुमने उस कंगाल वनवासी के साथ रहते कल्पना भी नहीं की होगी।"

राक्षसियों की ये बातें सुनकर कमलनयनी सीता ने अश्रुपूर्ण नेत्रों से उनकी ओर देख कर कहा, "तुम सब का यह लोक-विरुद्ध एवं पापपूर्ण प्रस्ताव मेरे हृदय में क्षणमात्र को भी ठहर नहीं पाता। एक मानवकन्या किसी राक्षस की भार्या नहीं हो सकती। तुम सब लोग भले ही मुझे खा जाओ किन्तु मैं तुम्हारी बात नहीं मान सकती। मेरे पति दीन हों अथवा राज्यहीन, वे ही मेरे स्वामी हैं और मैं सदा उन्हीं में अनुरक्त हूँ तथा आगे भी रहूँगी। जैसे सुवर्चला सूर्य में, महाभागा शची इन्द्र में, अरुन्धती महर्षि वसिष्ठ में, रोहिणि चन्द्र में, सुकन्या च्यवन में, सावित्री सत्यवान में, श्रीमती कपिल में, मदयन्ती सौदास में, केशिनी सगर में और दमयन्ती नल में अनुराग रखती हैं वैसे ही मैं भी अपने पति इक्ष्वाकुवंशशिरोमणि श्री राम में अनुरक्त

हूँ।

सीता के वचन सुन कर राक्षसियों के क्रोध की सीमा न रही। वे रावण की आज्ञानुसार कठोर वचनों द्वारा उन्हें धमकाने लगीं। अशोकवृक्ष में चुपचाप छिपे बैठे हुए हनुमान जी सीता को फटकारती हुई राक्षसियों की बातें सुनते रहे। वे सब राक्षसियाँ कुपित होकर काँपती हुई सीता पर चारों ओर से टूट पड़ीं। उनका क्रोध बहुत बढ़ा हुआ था। राक्षसियों के बारम्बार धमकाने पर सर्वांगसुन्दरी कल्याणी सीता अपने आँसू पोंछती हुई उसी अशोकवृक्ष के नीचे चली आईं जिस पर हनुमान जी छिपे बैठे थे। शोकसागर में डूबी हुई विशाललोचना वैदेही वहाँ चुपचाप बैठ गईं। वे अत्यन्त दीन व दुर्बल हो गई थीं तथा उनके वस्त्र मलिन हो चुके थे। विकराल राक्षसियाँ फिर उन्हें घेरकर तरह-तरह से धमकाने लगीं।

विकराल रूप वाली राक्षसियों के द्वारा इस प्रकार से धमकाये जाने पर देवकन्या के समान सुन्दरी सीता धैर्य छोड़ कर रोने लगीं। विलाप करते हुए वे कहने लगीं, "हे भगवान! अब यह विपत्ति नहीं सही जाती। प्रभो! मुझे इस विपत्ति से छुटकारा दिलाओ, या मुझे इस पृथ्वी से उठा लो। बड़े लोगों ने सच कहा है कि समय से पहले मृत्यु भी नहीं आती। आज मेरी कैसी दयनीय दशा हो गई है। कहाँ अयोध्या का वह राजप्रासाद जहाँ मैं अपने परिजनों तथा पति के साथ अलौकिक सुख भोगती थी और कहाँ यह दुर्दिन जब मैं पति से विमुख छल द्वारा हरी गई इन राक्षसों के फंदों में फँस कर निरीह हिरणी की भाँति दुःखी हो रही हूँ। आज अपने प्राणेश्वर के बिना मैं जल से निकाली गई मछली की भाँति तड़प रही हूँ। इतनी भयंकर वेदना सह कर भी मेरे प्राण नहीं निकल रहे हैं। आश्चर्य यह है कि मर्मान्तक पीड़ा सह कर भी मेरा हृदय टुकड़े-टुकड़े नहीं हो गया। मुझ जैसी अभागिनी कौन होगी जो अपने प्राणाधिक प्रियतम से बिछुड़ कर भी अपने प्राणों को सँजोये बैठी है। अभी न जाने कौन-कौन से दुःख मेरे भाग्य में लिखे हैं। न जाने वह दुष्ट रावण मेरी कैसी दुर्गति करेगा। चाहे कुछ भी हो, मैं उस महापातकी को अपने बायें पैर से भी स्पर्श न करूँगी, उसके इंगित पर आत्म समर्पण करना तो दूर की बात है। यह मेरा दुर्भाग्य ही है किस एक परमप्रतापी वीर की भार्या हो कर भी दुष्ट रावण के हाथों सताई जा रही हूँ और वे मेरी रक्षा करने के लिये अभी तक यहाँ नहीं पहुँचे। मेरा तो भाग्य ही उल्टा चल रहा है। यदि परोपकारी जटायुराज इस नीच के हाथों न मारे जाते तो वे अवश्य राघव को मेरा पता बता देते और वे आ कर रावण का विनाश करके मुझे इस भयानक यातना से मुक्ति दिलाते। परन्तु मेरा मन कह रहा है दि दुश्चरित्र रावण के पापों का घड़ा भरने वाला है। अब उसका अन्त अधिक दूर नहीं है। वह अवश्य ही मेरे पति के हाथों मारा जायेगा। उनके तीक्ष्ण बाण लंका को लम्पट राक्षसों के आधिपत्य से मुक्त करके अवश्य मेरा उद्धार करेंगे। किन्तु उनकी प्रतीक्षा करते-करते मुझे इतने दिन हो गये और वे अभी तक नहीं आये। कहीं ऐसा तो नहीं है कि उन्होंने मुझे मरा हुआ समझ लिया हो और इसलिये अब वे मेरी खोज खबर ही न ले रहे हों। यह भी तो हो सकता है कि दुष्ट मायावी रावण ने जिस प्रकार छल से मेरा हरण किया, उसी प्रकार उसने छल से उन दोनों भाइयों का वध कर डाला हो। उस दुष्ट के लिये कोई भी नीच कार्य अकरणीय नहीं है। दोनों दशाओं

में मेरे जीवित रहने का प्रयोजन नहीं है। यदि उन्होंने मुझे मरा हुआ समझ लिया है या इस दुष्ट ने उन दोनों का वध कर दिया है तो भी मेरा और उनका मिलन जअब असम्भव हो गया है। जब मैं अपने प्राणेश्वर से नहीं मिल सकती तो मेरा जीवित रहना व्यर्थ है। मैं अभी इसी समय अपने प्राणों का उत्सर्ग करूँगी।"

सीता के इन निराशा भरे वचनों को सुन कर पवनपुत्र हनुमान अपने मन में विचार करने लगे कि अब इस बात में कोई सन्देह नहीं है कि यह ही जनकनन्दिनी जानकी हैं जो अपने पति के वियोग में व्यकुल हो रही हैं। यही वह समय है, जब इन्हें धैर्य की सबसे अधिक आवश्यकता है।

8

वानर सेना का प्रस्थान

- **वानर सेना का प्रस्थान**

हनुमान के मुख से लंका का यह विशद वर्णन सुन कर रामचन्द्र बोले, "हनुमान! तुमने भयानक राक्षस रावण की जिस लंकापुरी का वर्णन किया है, उसे मैं शीघ्र ही नष्ट कर डालूँगा। सुग्रीव! अभी विजय नामक मुहूर्त है और इस मुहूर्त में प्रस्थान करना अत्यन्त उपयुक्त है। अतः तुम तत्काल प्रस्थान की तैयारी करो। आज उत्तराफाल्गुनी नामक नक्षत्र है। कल चन्द्रमा का हस्त नक्षत्र से योग होगा। इसलिये हे सुग्रीव! हम लोगों का आज ही सारी सेनाओं के साथ यात्रा आरम्भ कर देना ही उचित है। इस समय जो शकुन प्रकट हो रहे हैं उन्हें देखकर यह विश्वास होता है कि मैं अवश्य ही रावण का वध कर के जनकनन्दिनी सीता को ले आऊँगा।"

रघुनाथ जी के वचन सुनकर महापराक्रमी वानरशिरोमणि सुग्रीव ने वानर सेनापतियों को यथोचित आज्ञा दी और समस्त महाबली वानरगण अपनी गुफाओं और शिखरों से शीघ्र ही निकल कर उछलते-कूदते हुए चलने लगे। उनमें से कुछ वानर उस सेना की रक्षा के लिये उछलते-कूदते चारों ओर चक्कर लगाते थे, कुछ मार्गशोधन के लिये कूदते-फाँदते आगे बढ़ते जाते थे, कुछ वानर मेघों के समान गर्जते, कुछ सिंहों के समान दहाड़ते और कुछ किलकारियाँ भरते हुए दक्षिण दिशा की ओर अग्रसर हो रहे थे। इस प्रकार से लाखों और करोड़ों वानर आगे-आगे श्री रामचन्द्र, लक्ष्मण और सुग्रीव को ले कर जयजयकार करते हुये सागर तट की ओर चल पड़े। 'श्री रामचन्द्र की जय' और 'रावण की क्षय' की घोषणाओं से दसों दिशाएँ गूँजने लगीं। कुछ वानर बारी-बारी से दोनों भाइयों को अपनी पीठ पर चढ़ाये लिये जा रहे थे। उनको अपनी-अपनी पीठ पर चढ़ाने के लिये वे एक दूसरे से प्रतिस्पर्धा करने लगे। उनकी तीव्र गति के कारण समस्त वातावरण धूलि-धूसरित हो रहा था। अम्बर धूमिल हो गया था और आकाश में चमकता हुआ सूर्य भी फीका पड़ गया था। जब वह सेना नदी नालों को पार करती तो उनके प्रवाह भी उसके कारण परिवर्तित हो जाते थे। चारों ओर वानर

ही वानर दिखाई देते थे। वे मार्ग में कहीं विश्राम लेने के लिये भी एक क्षण को नहीं ठहरते थे। उनके मन मस्तिष्क पर केवल रावण छाया हुआ था। वे सोचते थे कि कब लंका पहुँचें और कब राक्षसों का संहार करें। इस प्रकार राक्षसों के संहार की कल्पना में लीन यह विशाल वानर सेना समुद्र तट पर जा पहुँची। अब वे उस क्षण की कल्पना करने लगे जब वे समुद्र पार करके दुष्ट रावण की लंका में प्रवेश करके अपने अद्भुत पराक्रम का प्रदर्शन करेंगे।

सागर के तट पर एक स्वच्छ शिला पर बैठ राम सुग्रीव से बोले, "हे सुग्रीव! हम सागर के तट तक तो पहुँच गये। अब यहाँ मन में फिर वही चिन्ता उत्पन्न हो गई कि इस विशाल सागर को कैसे पार किया जाय। अपनी सेना की छावनी यहीं डाल कर हमें इस समुद्र को पार करने का उपाय सोचना चाहिये। इधर जब तक हम इसका उपाय ढूँढें, तुम अपने गुप्तचरों को सावधान कर दो कि वे शत्रु की गतिविधियों के प्रति सचेष्ट रहें। कोई वानर अपने छावनी से अकारण बाहर भी न जाये क्योंकि इस क्षेत्रमें लंकेश के गुप्तचर अवश्य सक्रिय होंगे।

रामचन्द्र जी के निर्देशानुसार समुद्र तट पर छावनी डाल दी गई। समुद्र की उत्तुंग तरंगें आकाश का चुम्बन कर अपने विराट रूप का प्रदर्शन कर रहा था। सम्पूर्ण वातावरण जलमय प्रतीत होता था। आकाश में चमकने वाला नक्षत्र समुदाय सागर में प्रतिबिंबित होकर समुद्र को ही आकाश का प्रतिरूप बना रहा था। वानर समुदाय समुद्र की छवि को आश्चर्य, कौतुक और आशंका से देख रहा था।

९

विभीषण का श्री राम की शरण में आना

- **विभीषण का श्री राम की शरण में आना**

रावण से अपमानित होकर विभीषण अपने चार भयंकर तथा पराक्रमी अनुचरों के साथ आकाशमार्ग से दो ही घड़ी में उस स्थान पर आ गये जहाँ लक्ष्मण सहित श्री राम विराजमान थे। बुद्धिमान महापुरुष विभीषण ने आकाश में ही स्थित रहकर सुग्रीव तथा अन्य वानरों की ओर देखते हुए उच्च स्वर से कहा, "हे वानरराज! मैं लंका के राजा रावण का छोटा भाई विभीषण हूँ। मैं रावण के उस कुकृत्य से सहमत नहीं हूँ जो उसने सीता जी का हरण करके किया है। मैंने उसे सीता जी को लौटाने के लिये अनेक प्रकार से समझाया परन्तु उसने मेरी बात न मान कर मेरा अपमान किया और मुझे लंका से निष्कासित कर दिया। इसलिये अब मैं यहाँ श्री रामचन्द्र जी की शरण में आया हूँ। आप उन्हें मेरे आगमन की सूचना भिजवा दें।"

विभीषण की बात सुनकर सुग्रीव ने रामचन्द्र के पास जाकर कहा, "हे राघव! रावण का छोटा भाई विभीषण अपने चार मन्त्रियों सहित आपके दर्शन करना चाहता है। यदि आपकी अनुमति हो तो उसे यहाँ उपस्थित करूँ। किन्तु मेरा विचार है कि हमें शत्रु पर सोच-समझ कर ही विश्वास करना चाहिये। एक तो राक्षस वैसे ही क्रूर, कपटी और मायावी होते हैं फिर यह तो रावण का सहोदर भाई ही है। ऐसी दशा में तो वह बिल्कुल भी विश्वसनीय नहीं है। किन्तु आप हमसे अधिक बुद्धिमान हैं। जैसी आपकी आज्ञा हो, वैसा करूँ।"

सुग्रीव के तर्क सुनकर रामचन्द्र जी बोले, "हे वानरराज! आपकी बात सर्वथा युक्तिसंगत और हमारे हित में है, परन्तु नीतिज्ञ लोगों ने राजाओं के दो शत्रु बताये हैं। एक तो उनके कुल के मनुष्य और दूसरे उनके राज्य के सीमावर्ती क्षेत्रों पर शासन करने वाले अर्थात् पड़ोसी शासक। ये दोनों उस समय किसी राज्य पर आक्रमण करते हैं, जब राजा किसी व्यसन अथवा विपत्ति में फँसा हुआ होता है। विभीषण अपने भाई को विपत्ति में पड़ा देखकर हमारे

पास आया है। वह हमारे कुल का नहीं है। हमारे विनाश से उसे कोई लाभ नहीं होगा। इसके विपरीत यदि हमारे हाथों से रावण मारा जायेगा तो वह लंका का राजा बन सकता है। इसलिये यदि वह हमारी शरण में आता है तो हमें उसे स्वीकार कर लेना चाहिये। कण्व ऋषि के पुत्र परम ऋषि कण्डु ने कहा है कि यदि दीन होकर शत्रु भी शरण में आये तो उसे शरण देनी चाहिये। ऐसे शरणागत की रक्षा न करने से महान पाप लगता है। इसलिये शरण आये विभीषण को अभय प्रदान करना ही उचित है। अतः तुम उसे मेरे पास ले आओ।"

जब सुग्रीव विभीषण को लेकर राम के पास आया तो उसने दोनों हाथ जोड़कर कहा, "हे धर्मात्मन्! मैं लंकापति रावण का छोटा भाई विभीषण हूँ। यह जानकर मैं आपकी शरण में आया हुँ कि आप शरणागतवत्सल हैं। इसलिये आप मुझ शरणागत का उद्धार कीजिये।"

विभीषण के दीन वचन सुनकर श्री रामचन्द्र जी ने उसे गले से लगाते हुये कहा, "हे विभीषण! मैंने तुम्हें स्वीकार किया। अब तुम मुझे राक्षसों का बलाबल बताओ।"

श्री राम का प्रश्न सुनकर विभीषण बोला, "हे दशरथनन्दन! ब्रह्मा से वर पाकर दशमुख रावण देव, दानव, नाग, किन्नर आदि सभी से अवध्य हो गया है। उसका छोटा भाई कुम्भकर्ण, जो मुझसे बड़ा है, भी अद्भुत पराक्रमी, शूरवीर तथा तेजस्वी है। उसके सेनापति का नाम प्रहस्त है जिसने अपने शौर्य का प्रदर्शन करते हुये कैलाश पर्वत पर दुर्दमनीय मणिभद्र को पराजित किया था। रावण के पुत्र मेघनाद ने तो इन्द्र को परास्त करके इन्द्रजित की उपाधि अर्जित की है। मेघनाद का भाई महापार्श्व भी अकम्पन नामक पराक्रमी राक्षस को मारकर संसार भर में विख्यात हो चुका है। रावण के सेनापति तथा सेनानायक युद्ध कौशल में एक दूसरे से बढ़ कर हैं।"

विभीषण के मुख से लंका के वीरों की शौर्यगाथा सुनकर श्री रामचन्द्र बोले, "हे विभीषण! इन समस्त बातों को मैं जानता हूँ। इतना सब होते हुये भी मैं आज तुम्हारे सम्मुख प्रतिज्ञा करता हुँ कि मैं रावण का उसके पुत्रों, मन्त्रियों एवं योद्धाओं सहित वध करके तुम्हें लंका का राजा बनाऊँगा। अब वह कहीं जाकर, किसी की भी शरण लेकर मेरे हाथों से नहीं बचेगा। यह मेरी अटल प्रतिज्ञा है।"

श्री रामचन्द्र जी की प्रतिज्ञा सुनकर विभीषण ने उनके चरण स्पर्श करके कहा, "हे राघव! मैं भी आपके चरणों की शपथ लेकर प्रतिज्ञा करता हूँ कि मैं रावण को उसके वीर योद्धाओं सहित मारने में आकी पूरी-पूरी सहायता करूँगा।"

विभीषण की प्रतिज्ञा सुनकर रामचन्द्र जी ने लक्ष्मण से समुद्र का जल मँगवाया और उससे विभीषण का अभिषेक करके सम्पूर्ण सेना में घोषणा करा दी कि आज से महात्मा विभीषण लंका के राजा हुये।

10

सेतु बन्धन

- सेतु बन्धन

वानरसेना के समक्ष विशाल समुद्र लहरें मार रहा था और उसे पार करना एक बहुत बड़ी समस्या थी। राम के क्रोध से भयभीत होकर समुद्र ने स्वयं वहाँ आकर बताया कि सुग्रीव की सेना में नल और नील कुशल शिल्पी हैं। उनके नेतृत्व में समुद्र पर सेतु बाँधना सम्भव हो सकेगा। इतना बताकर समुद्र वापस चले गये।

समुद्र की बात सुनकर वानर नल ने श्री राम से कहा, "प्रभो, मैं विश्वकर्मा का औरस पुत्र हूँ और गुण में उन्हीं के समान हूँ। मैं महासागर पर पुल बाँधने में सर्वथा समर्थ हूँ इसलिये मैं समुद्र पर सेतु का निर्माण करूँगा।

नल-नील असंख्य वानरों को लेकर सेतु निर्माण के कार्य में जुट गये। उनके आदेश के अनुसार वानर सेना बड़े-बड़े वृक्षों को उखाड़ कर समुद्र तट पर एकत्रित करने लगे। देखते-देखते वहाँ साल, अश्वकर्ण, धब, बाँस, कुटज, अर्जुन, कर्णिकार, जामुन, अशोक आदि वृक्षों का एक विशाल गगनचुम्बी ढेर लग गया। इस प्रकार सागर के किनारे वृक्षों तथा शिलाओं के दो विशाल पर्वत बन गये। इसके पश्चात् उन्होंने बड़े-बड़े शिलाखण्डों को समुद्र में नल-नील के निर्देशानुसार डालना आरम्भ किया। उन शिलाखण्डों एवं वृक्षों को शिल्पकला में चतुर नल-नील सेतु का रूप देते जा रहे थे। इस प्रकार उन्होंने अधिक परिश्रम करके पहले ही दिन छप्पन कोस लम्बा पुल बना दिया। दूसरे दिन उन्होंने और भी अधिक फुर्ती दिखाई और चौरासी कोस लम्बा पुल बनाया। फिर अतुल परिश्रम से तीसरे दिन बानबे कोस लम्बा सेतु बनाया। इस प्रकार निरन्तर परिश्रम करके उन्होंने चार सौ कोस लम्बा पुल बना डाला। अब नल-नील के प्रयत्नों से चालीस कोस चौड़ा और चार सौ कोस लम्बा मजबूत पुल बन कर तैयार हो गया।

समुद्र पर सेतु बन जाने के पश्चात् श्री रामचन्द्र जी ने हनुमान की पीठ पर और लक्ष्मण ने अंगद की पीठ पर बैठ कर सेतु पर होते हुये विशाल सागर पार किया। उनके पीछे-पीछे

सम्पूर्ण वानर सेना भी सुग्रीव के नेतृत्व में समुद्र को पार कर लंका में पहुँच गई। इस सेना के लंका में पहुँचते ही राक्षसों में भयानक हलचल मच गई। वे लंका दहन की घटना को स्मरण कर भयभीत होने लगे।

उधर रावण ने शुक और सारण नामक मन्त्रियों को बुला कर उनसे कहा, "हे चतुर मन्त्रियों! अब राम ने वानरों की सहायता से अगाध समुद्र पर सेतु बाँध कर उसे पार कर लिया है और वह लंका के द्वार पर आ पहुँचा है। तुम दोनों वानरों का वेश बना कर राम की सेना में प्रवेश करो और यह पता लगाओ कि शत्रु सेना में कुल कितने वानर हैं, उनके पास अस्त्र-शस्त्र कितने और किस प्रकार के हैं तथा मुख्य-मुख्य वानर नायकों के नाम क्या हैं।"

रावण की आज्ञा पाकर दोनों कूटनीतिज्ञ मायावी राक्षस वानरों का वेश बना कर वानरोंसेना में घुस गये, परन्तु वे विभीषण की तीक्ष्ण दृष्टि से बच न सके। विभीषण ने उन दोनों को पकड़ कर राम के सम्मुख करते हुये कहा, "हे राघव! ये दोनों गुप्तचर रावण के मन्त्री शुक और सारण हैं जो हमारे कटक में गुप्तचरी करते पकड़े गये हैं।"

राम के सामने जाकर दोनों राक्षस थर-थर काँपते हुये बोले, "हे राजन्! हम राक्षसराज रावण के सेवक हैं। उन्हीं की आज्ञा से आपके बल का पता लगाने के लिये आये थे। हम उनकी आज्ञा के दास हैं, इसलिये उनका आदेश पालन करने के लिये विवश हैं। राजभक्ति के कारण हमें ऐसा करना पड़ा है। इसमें हमारा कोई दोष नहीं है।"

उनके ये निश्चल वचन सुन कर रामचन्द्र बोले, "हे मन्त्रियों! हम तुम्हारे सत्य भाषण से बहुत प्रसन्न हैं। तुमने यदि हमारी शक्ति देख ली है, तो जाओ। यदि अभी कुछ और देखना शेष हो तो भली-भाँति देख लो। हम तुम्हें कोई दण्ड नहीं देंगे। आर्य लोग शस्त्रहीन व्यक्ति पर वार नहीं करते। अतएव तुम अपना कार्य पूरा करके निर्भय हो लंका को लौट जाओ। तुम साधारण गुप्तचर नहीं, रावण के मन्त्री हो। इसलिये उससे कहना, जिस बल के भरोसे पर तुमने मेरी सीता का हरण किया है, उस बल का परिचय अपने भाइयों, पुत्रों तथा सेना के साथ हमें रणभूमि में देना। कल सूर्योदय होते ही अन्धकार की भाँति तुम्हारी सेना का विनाश भी आरम्भ हो जायेगा।"

श्री रामचन्द्र जी के वचनों से भयरहित हो उनका जयजयकार करते हुये शुक तथा सारण लंका में पहुँचे और रावण के सम्मुख उपस्थित होकर बोले, "हे स्वामिन्! हमारे वानर सेना में प्रवेश करते ही विभीषण ने हमें पहचान कर राम के सम्मुख उपस्थित कर दिया, परन्तु राम ने हमें निःशस्त्र दूत समझ कर छोड़ दिया। अब रही वानरों के बल की बात, उसका पता लगाना सम्भव नहीं है, क्योंकि उनमें प्रत्येक के मन में आपके विरुद्ध क्रोध तथा घृणा की ज्वाला धधक रही है। उनसे बात करना ही सम्भव नहीं है, किसी बात का पता लगाना तो बहुत कठिन है। राम ने कहलवाया है कि सूर्योदय होते ही वह राक्षस सेना का विनाश आरम्भ कर देगा। अब आप जैसा उचित समझें वैसा करें।"

दोनों मन्त्रियों के ये वचन सुनकर रावण क्रोध से उबलते हुये बोला, "चाहे कुछ भी हो जाय, मैं किसी भी दशा में सीता को वापिस नहीं करूँगा। मुझे विश्वास है, राम अपनी सेना

सहित युद्ध भूमि में मेरे हाथों से अवश्य मारा जायेगा।"

मन्त्रियों के उत्तर से सन्तुष्ट न होकर रावण ने कुछ अन्य गुप्तचरों को छद्म वेश में वानर सेना में भेजा। उन्होंने बड़ी चतुराई से सम्पूर्ण जानकारी प्राप्त करके रावण को बतलाया कि राम ने अपना सैनिक शिविर सुवेल पर्वत पर लगाया है। उनमें जाम्बवन्त नामक ऋक्ष सबसे दुर्धर्ष एवं तेजस्वी है। उसके अतिरिक्त तीन वानर सबसे अधिक बलवान और पराक्रमी हैं। उनके नाम सुमुख, दुर्मुख तथा वेगदर्शी हैं। नल-नील उस सैनिक टुकड़ी के अध्यक्ष हैं जिसने समुद्र पर सेतु बाँधा है। अंगद अपने पिता वालि से भी अधिक तेजस्वी एवं बलवान है। उसके अतिरिक्त सहस्त्रों अद्भुत शक्तिसम्पन्न पराक्रमी वानर हैं। राम और लक्ष्मण तो जनस्थान को नष्ट करके अपने बल का परिचय आपको दे ही चुके हैं।

11
सीता के साथ छल

• **सीता के साथ छल**

जब रावण के गुप्तचरों ने बताया कि श्री रामचन्द्र जी की सेना सुवेल पर्वत पर आकर ठहरी है और उस पर विजय पाना असम्भव है तब वह उद्वेलित हो गया। उसने महाबली, महामायावी, मायाविशारद राक्षस विधुज्जिह्व को बुलाकर आदेश दिया कि वह शीघ्र श्री रामचन्द्र जी का मायानिर्मित मस्तक बनाकर लाये। रावण की आज्ञा पाकर वह शीघ्र ही श्री राम का सिर बना लाया जो रक्त से लथपथ था। उसे देखकर कोई नहीं कह सकता था कि ये वास्तव में राम का मस्तक नहीं है। उस मस्तक को बाण की नोक पर रखकर वह अशोकवाटिका में जाकर सीता से बोला, "हे सीते! तूने राम की शक्ति पर अगाध विश्वास करके मेरा कहना नहीं माना। देख, राम युद्धभूमि में मारा गया। ले, अपने पति के मरने का समाचार सुन और इस सिर को देखकर अपने अभिमान पर आँसू बहा। वह अभिमानी वानरों के भरोसे मुझसे युद्ध करने आया था। रात्रि को जब वानर सेना सहित राम और लक्ष्मण दोनों सो रहे थे, तब मेरे सेनापति प्रहस्त ने एक विशाल सेना लेकर उस पर आक्रमण कर दिया और अपने भयंकर हथियारों से मारकाट मचा दी। बहुत सी सेना मारी गई और जो बचे, वे प्राण लेकर भाग गये। तब प्रहस्त ने सोते हुये राम के सिर को काट डाला। इस आक्रमण में विभीषण भी मारा गया। तुझे प्राप्त करने के लिये मुझे ऐसा भयंकर संहार करना पड़ा। अब तेरा कोई आश्रय नहीं रह गया है, इसलिये अब तुझे चाहिये कि तू मुझे पति रूप में स्वीकार कर ले।"

इतना कह कर रावण ने उस मायारचित सिर को सीता के समक्ष रख दिया।

जब सीता ने उन दोनों मस्तकों को देखा जो सब प्रकार से आकृति, मुद्रा आदि में राम से मिलता था तो वह बिलख-बिलख कर रो पड़ी और नाना प्रकार से विलाप करती हुई कैकेयी को कोसने लगी, "हा! आज कैकेयी की मनोकामना पूरी हो गई। हा नागिन! आज तुम्हारी इच्छा पूरी हुई। अब तुम्हारा भरत निष्कंटक होकर राज करेगा। तुमने अपने स्वार्थ के पीछे

रघुकुल का नाश कर दिया।"

इस प्रकार विलाप करती हुई वे मूच्छिंत होकर पृथ्वी पर गिर पड़ीं। जब चेतना लौटी तो वे फिर विलाप करने लगीं, "हा नाथ! यह सब क्या हो गया? आज मैं विधवा हो गई। आप मुझे यहाँ किसके भरोसे पर छोड़ गये। मुझसे ऐसा क्या अपराध हो गया है कि मैं रो-रो कर मर रही हूँ और आप चुपचाप देख रहे हैं। मुझसे सान्त्वना का एक शब्द भी नहीं कह रहे। ऐसे निर्मोही तो आप कभी नहीं थे। वन चलते समय आपने वचन दिया था कि तेरा साथ कभी नहीं छोड़ूँगा, परन्तु आज आप मुझे अकेला छोड़ कर चल दिये। आपकी प्रतीक्षा में आँखें बिछाये कौसल्या जब ये समाचार सुनेंगी तो उनकी क्या दशा होगी? कौन उनके आँसू पोंछेगा? हा! आज मैं ही आप दोनों कि मृत्यु का कारण बन गई। हे नीच रावण! तूने दोनों भाइयों की हत्या तो करा ही दी अब मेरा शीश भी काटकर अपनी कृपाण की प्यास बुझा ले। मेरे पति स्वर्ग में मेरी प्रतीक्षा कर रहे हैं। अब मैं इस संसार में एक क्षण भी रहना नहीं चाहती। उठा तलवार, कर अपना काम।"

जब सीता इस प्रकार विलाप कर रही थी तभी एक राक्षस ने आकर रावण को सूचना दी कि मन्त्री प्रहस्त अत्यन्त आवश्यक कार्य से इसी समय आपके दर्शन करना चाहते हैं। यह सुनते ही रावण तत्काल उस सिर को लेकर वहाँ से चला गया। उस समय तक सीता पुनः मूच्छिंत हो चुकी थीं।

विभीषण की स्त्री इस घटना की सूचना पा कर अशोकवाटिका में आई। वह सीता की मूर्छा दूर करके उन्हें समझाने लगी, "रावण ने तुमसे जो कुछ कहा है, वह झूठ है। राम न तो मारे गये हैं और न ये दुष्ट उन्हें मार ही सकते हैं। ये सिर माया से बनाया गया हैं। तुम इसके छल में पड़कर यह भी भूल गईं कि लक्ष्मण दिन रात राघव की सेवा में रहते हैं और वे रात को कभी नहीं सोते। फिर सोते में उनके सिर कैसे काटे जा सकते हैं? तनिक कान लगाकर सुनो। रण की तैयारी करती हुई राक्षस सेना की गर्जना की ध्वनि स्पष्ट सुनाई दे रही है। यदि राम-लक्ष्मण वानरों सहित मारे जाते तो फिर यह तैयारी किसलिये होती?"

ये तर्कयुक्त वचन सुनकर सीता इस बात पर विचार करने लगी।

12

रावण कुम्भकर्ण संवाद

• रावण कुम्भकर्ण संवाद

अग्निपुत्र नील के हाथों प्रहस्त के वध का समाचार सुनते ही रावण क्रोध से तमतमा उठा; किन्तु थोड़ी ही देर में उसका चित उसके लिये शोक से व्याकुल हो गया। उसके मन में भय उत्पन्न होने लगा। वह मन्त्रियों से बोला, "शत्रुओं को नगण्य समझकर मैं उनकी अवहेलना करता रहा इसी का परिणाम है प्रहस्त भी मारा गया। अब मैं समझता हूँ कि मुझे परमवीर कुम्भकर्ण को जगाकर रणभूमि में भेजना होगा। केवल वही ऐसा पराक्रमी है जो देखते-देखते शत्रु की सम्पूर्ण सेना का संहार कर सकता है।"

रावण की आज्ञा पाकर उसके मन्त्री ब्रह्मा के शाप के कारण सोये हुये कुम्भकर्ण के पास जाकर उसे जगाने लगे। जब वह चीखने-चिल्लाने और झकझोरने से भी न उठा तो वे लाठियों और मूसलों से मार-मार उसे उठाने लगे। साथ ही ढोल, नगाड़े तथा तुरहियों को बजाकर भारी शोर करने लगे, किन्तु उसकी नींद न खुली। अन्त में तोपों को दागकर, उसकी नाक में डोरी डालकर बड़ी कठिनाई से उसे जगाया गया। जब उसकी नींद टूटी तो माँस-मदिरा का असाधारण कलेवा करके वह बोला, "तुम लोगों ने मुझे कच्ची नींद से क्यों जगा दिया? सब कुशल तो है?"

कुम्भकर्ण का प्रश्न सुनकर मन्त्री यूपाक्ष ने हाथ जोड़कर निवेदन किया, "हे राक्षस शिरोमणि! लंका पर वानरों ने आक्रमण कर दिया है। अब तक हमारे बहुत से पराक्रमी वीरों तथा असंख्य राक्षस सैनिकों का संहार हो चुका है। मारे जाने वालों में खर-दूषण, प्रहस्त आदि महारथी सम्मिलित हैं। लंका भी जला दी गई है। ये सब वानर अयोध्या के राजकुमार राम की ओर से युद्ध कर रहे हैं। इस भयंकर परिस्थिति के कारण ही महाराज ने आपको जगाने की आज्ञा दी है। अब आप जाकर उन्हें धैर्य बँधायें।"

यह समाचार सुनकर कुम्भकर्ण स्नानादि से निवृत होकर राजसभा में रावण के पास पहुँचा। उसके चरणस्पर्श करके बोले, "महाराज! आपने मुझे किसलिये स्मरण किया है?"

कुम्भकर्ण को देखकर रावण प्रसन्न हुआ। वह बोला, "महाबली वीर! दीर्घकाल तक सोते रहने के कारण तुम्हें यहाँ के विषय में कोई जानकारी नहीं है। अयोध्या के राजकुमार राम और लक्ष्मण वानरों की सेना को लेकर लंका का विनाश कर रहे हैं। उन्होंने समुद्र पर पुल बाँधकर उसे पार कर लिया है। इस समय लंका के चारों ओर वानर ही वानर दिखाई देते हैं। प्रहस्त, खर, दूषण आदि असंख्य वीर राक्षस सेना के साथ मारे जा चुके हैं। लंका में भय से त्राहि-त्राहि मच रही है। तुम पर मुझे पूर्ण विश्वास है। तुमने देवासुर संग्राम में देवताओं को खदेड़ कर जो अद्भुत वीरता दिखाई थी, वह मुझे आज भी स्मरण है। इसलिये तुम वानर सेना सहित दोनों भाइयों का संहार करके लंका को बचाओ।"

इसके अतिरिक्त रावण ने विभीषण के निष्कासन आदि की बातें भी उसे विस्तारपूर्वक बताईं।

यह सुनकर कुम्भकर्ण ने पहले तो रावण को नीति सम्बंधी बहुत सी बातें कहते हुए रावण को उपालम्भ दिया। फिर वह बोले, "भैया! आप भाभी मन्दोदरी और भैया विभीषण द्वारा दी हुई सम्मति के अनुसार कार्य करते तो आज लंका की यह दुर्दशा न होती। आपने मूर्ख मन्त्रियों के कहने में आकर स्वयं दुर्दिन को आमन्त्रण दिया है। परन्तु अब जो हो गया सो हो गया। उस पर पश्चाताप करने से क्या लाभ? अब आप के अनुचित कर्मों के फलस्वरूप उत्पन्न भय को मैं दूर करूँगा। मैं उन दोनों भाइयों का वध करूँगा और दुःखी राक्षसों के आँसू पोछूँगा। आप शोक न करें। मैं शीघ्र ही राम-लक्ष्मण का सिर आपके चरणों में रखूँगा।"

13

कुम्भकर्ण वध

- **कुम्भकर्ण वध**

शोकमग्न रावण को धैर्य बँधाकर कुम्भकर्ण युद्धभूमि में पहुँचा। स्वर्ण कवच से सुसज्जित कुम्भकर्ण ने हाथों में विद्युत के सदृश प्रकाशित भयंकर शूल उठा रखा था। लाखों चुने हुये सैनिकों को लेकर रणभूमि में पहुँचते ही उसने पृथ्वी को कँपा देने वाली भयंकर गर्जना की जिससे अनेक वानर मूर्च्छित होकर पृथ्वी पर गिर पड़े। इस विशाल पर्वताकार पराक्रमी राक्षस को देखकर साधारण वानरों की तो बात ही क्या; नल, नील, गवाक्ष तथा कुमुद जैसे पराक्रमी योद्धा भी भयभीत होकर रणभूमि से पलायन करने लगे। असंख्य वानर सैनिकों ने भी अपने इन सेनानायकों का अनुसरण किया। अपनी सेना को इस प्रकार प्राणों के भय से भागते देख युवराज अंगद ने ललकार कर कहा, "हे वानरों! क्या इस प्रकार शत्रु को पीठ दिखाना तुम्हें शोभा देता है? तुम जैसे वीरों को भी प्राणों का मोह सताने लगा? धिक्कार है तुम्हें और तुम्हारी वीरता को! जिस कुम्भकर्ण को देखकर तुम भाग रहे हो, क्या वह कोई असाधारण योद्धा है? माँस मदिरा का सेवन करके उसका शरीर फूल गया है। वह तो बड़ी सरलता से मारा जायेगा। क्या रामचन्द्र जी के तेज के सम्मुख यह ठहर सकता है? आओ, लौटकर युद्ध करो। भागकर संसार में अपयश के भागी मत बनो।

अंगद के उत्साह भरे वचन सुनकर वानर सेना पुनः रणभूमि में लौट आई। वे प्राणों का मोह छोड़कर कुम्भकर्ण और उसकी सेना पर आक्रमण करने लगे। कुम्भकर्ण भी अपनी विशाल गदा के प्रहार से वानर सेना को मार-मार कर ढेर लगाने लगा। फिर भी शेष वानर वृक्षों तथा शिलाओं से राक्षस सेना का विनाश करने में जुटे रहे। कुम्भकर्ण उस समय साक्षात् यमराज प्रतीत हो रहा था। वह वानरों को गाजर मूली की भाँति काटकर ढेर लगाता जा रहा था। उसके चारों ओर हताहत वानरों के शरीर ही शरीर दिखाई दे रहे थे। क्रुद्ध होकर द्विविद ने एक पर्वत के टीले को उठाकर आकाश से कुम्भकर्ण के सिर पर मारा। कुम्भकर्ण तो उस वार से बच गया, किन्तु बहुत से राक्षस उसके नीचे दबकर मर गये। राक्षसों की इतनी भारी

क्षति से उत्साहित होकर वानरों ने दूने बल से राक्षस सेना का संहार आरम्भ किया जिससे सम्पूर्ण समरभूमि में रक्त की नदियाँ बहने लगीं। अब कुम्भकर्ण पर हनुमान भी आकाश मार्ग से पत्थरों की वर्षा करने लगे, परन्तु उस पर इसका कोई प्रभाव नहीं पड़ा। वह अपने शूल से पत्थरों के टुकड़े करके इधर-उधर छितराता रहा। इस प्रकार अपने वार खाली जाते देख हनुमान ने एक नुकीला वृक्ष उठाकर कुम्भकर्ण पर वार किया और उसका शरीर लहूलुहान कर दिया। उसने जब अपने शरीर से शोणित बहता देखा तो उसने वज्र के सदृश एक शूल पवनकुमार के मारकर उनकी छाती चीर दी। उसकी पीड़ा से वे व्याकुल हो गये। उनके मुख से रक्त बहने लगा हनुमान की यह दशा देखकर राक्षस सेना ने जयनाद किया और वे तीव्र वेग से मारकाट मचाने लगे।

हनुमान को घायल होता देख गन्धमादन, नील, ऋषभ, शरभ तथा गवाक्ष, पाँचों पराक्रमी सेनानायक एक साथ कुम्भकर्ण पर टूट पड़े। इस संयुक्त आक्रमण का भी उस पर कोई विशेष प्रभाव नहीं पड़ा। उसने पाँचों को पकड़कर इस प्रकार मसला कि वे मूर्छित होकर पृथ्वी पर गिर पड़े। अपने सेनानायकों को इस प्रकार मूर्छित होते देख वानर सेना एक साथ कुम्भकर्ण से चिपट गई। वह इससे भी विचलित नहीं हुआ और मुक्कों से मार-मार कर उनका सफाया करने लगा। सैकड़ों को उसने पूँछ पकड़-पकड़ कर फेंक दिया और बहुत से वानरों को पैरों के तले रौंद डाला। जब उसके सम्मुख हनुमान, अंगद, नील, द्विविद, सुग्रीव जैसे वीर भी न ठहर सके और वानरों का अभूतपूर्व विनाश होने लगा तो सेना में भगदड़ मच गई। उन्होंने रामचन्द्र जी के पास जाकर गुहार की, "हे रघुवीर! कुम्भकर्ण ने हमारी सेना को तहस-नहस कर दिया है। हमारे बड़े-बड़े सेनापति घायल हो गये हैं। वह यमराज की भाँति हमारी सेना का घोर विनाश कर रहा है। ऐसा प्रतीत होता है कि वह हमारी सम्पूर्ण सेना को नष्ट कर डालेगा। इसलिये हम आपकी शरण में आये हैं। अब आप ही कुछ कीजिये, अन्यथा आज हमारी सेना का नामोनिशान नहीं बचेगा।

अपनी सेना की दुर्दशा का वृत्तान्त सुनकर लक्ष्मण का मुख क्रोध से रक्तवर्ण हो गया। वे राम की अनुमति लेकर कुम्भकर्ण से युद्ध करने के लिये चले। उनके पीछे-पीछे वानर सेनापति भी जयघोष करते हुये चले। अपने सम्मुख लक्ष्मण को देखकर कुम्भकर्ण ने हर्षनाद करते हुये कहा, "लक्ष्मण! मुझसे युद्ध करने का तुम्हारा साहस देखकर मैं प्रसन्न हुआ। तुम अभी बालक हो और मैं तुम्हारा वध नहीं करना चाहता। तुम लौट जावो और राम को भेजो, मैं उसका ही वध करूँगा।

इस प्रकार से लक्ष्मण का निरादर करके कुम्भकर्ण उस ओर दौड़ा जहाँ राम खड़े थे। कुम्भकर्ण को अपनी ओर आते देख वे उस पर रौद्र अस्त्रों से प्रहार करने लगे। जब इन अस्त्रों का उस पर कोई प्रभाव न पड़ा तो उन्होंने मयूर पंखों से सुसज्जित तीक्ष्ण बाण छोड़कर उसकी छाती फाड़ दी। इसकी पीड़ा से वह व्याकुल हो गया। उसके हाथों से गदा तथा अन्य अस्त्र छूटकर पृथ्वी पर गिर पड़े। जब रामचन्द्र जी के आगे उसकी एक न चली तो वह खिसियाकर मुक्कों, लातों और थप्पड़ों से वानरों को मारने लगा। इस पर श्री राम ने उसे फिर

ललकारा और तीक्ष्ण बाणों से उसके शरीर को छलनी कर दिया। तब कुपित होकर कुम्भकर्ण ने पृथ्वी से एक भारी शिला उठाकर रामचन्द्र जी पर फेंकी जिसे उन्होंने सात बाण मारकर चूर-चूर कर दिया। फिर तीक्ष्ण नोक वाले तीन बाण छोड़कर उसका कवच तोड़ डाला। कवच के टूटते ही वानरों ने फिर उस पर धावा बोल दिया। उनसे घायल होकर वह क्रोध में इतना पागल हो गया कि उसे अपने और पराये का भी ज्ञान न रहा। उसने वानरों और राक्षसों सभी को मारना आरम्भ कर दिया। कुम्भकर्ण की यह दशा देखकर राम ने उसे फिर ललकार कर कहा, "अरे राक्षस! उन सैनिकों से क्या उलझ रहा है? इधर आकर मुझसे युद्ध कर।

राम की ललकार सुनते ही कुम्भकर्ण सामने आकर बोला, "हे राम! बहुत समय से मैं तुम्हारा वध करना चाहता था। आज सौभाग्य से तुम मेरे सम्मुख आये हो। मैं खर, दूषण, विराध या कबन्ध नहीं हूँ; मैं कुम्भकर्ण हूँ। मुझे अपने बल का परिचय दो।

कुम्भकर्ण की ललकार सुनकर रामचन्द्र जी ने अनेक अग्निबाण एक साथ छोड़े, परन्तु उन्हें कुम्भकर्ण ने मार्ग में ही नष्ट कर दिया। इस पर उन्होंने वायव्य बाण छोड़कर उसकी एक भुजा काट डाली। भुजा कटने पर क्रोध और पीड़ा से गर्जता हुआ भी वह वानरों का संहार करने लगा। इस भीषण मारकाट से भयभीत होकर वानर त्राहिमाम्-त्राहिमाम् कहते हुये रामचन्द्र जी के पीछे जाकर खड़े हो गये। तब रामचन्द्र जी ने ऐन्द्र नामक बाण से उसकी दूसरी भुजा भी काट डाली। फिर उन्होंने अर्द्धचन्द्राकार बाणों से उसके दोनों पैर काट डाले। इससे वह भयंकर शब्द करता हुआ पृथ्वी पर गिर पड़ा। तब उन्होंने इन्द्र द्वारा दिया हुआ सूर्य की किरण की भाँति जाज्वल्यमान ब्रह्मदण्ड नामक बाण छोड़ा जो कुण्डलों से युक्त कुम्भकर्ण के मस्तक को काटकर आकाश में उड़ा और फिर उसे पृथ्वी पर गिरा दिया। कुम्भकर्ण के मरते ही वानर सेना में हर्ष की लहर दौड़ गई। उनके जयनाद ने सम्पूर्ण लंकापुरी को थर्रा दिया। कुम्भकर्ण के मरने के पश्चात् राक्षसों ने रावण को जाकर दुःखद संवाद सुनाया।

कुम्भकर्ण की मृत्यु का समाचार सुनकर रावण मूर्छित हो पृथ्वी पर गिर पड़ा। नरान्तक, देवान्तक, त्रिशिरा आदि राक्षस भी अपने चाचा की मृत्यु का समाचार सुनकर रोने लगे। जब रावण की मूर्छा भंग हुई तो वह विलाप करके रोने लगा। "हाय! आज मैं भाई को खोकर बिल्कुल असहाय हो गया। जिस कुम्भकर्ण के नाम से देव-दानव तक थर्राते थे, वह वीर आज मनुष्य और वानरों के हाथों मारा गया। तुम्हारे बिना आज यह राज्य मेरे किस काम का? तुमने ठीक ही कहा था कि मैंने विभीषण की बात न मानकर भूल की थी। हा कुम्भकर्ण! तुम मुझे अकेला क्यों छोड़ गये? बिना भाई के यह जीवन भी कोई जीवन है? मैं तुम्हारे बिना अब किस के भरोसे जिऊँगा?" इस प्रकार विलाप करते हुये वह फिर मूर्छित हो गया।

जब रावण को फिर सुधि आई तो त्रिशिरा ने उसे धैर्य बँधाते हुये कहा, "पिताजी! चाचाजी के मरने का आप इतना शोक क्यों करते हैं? उन्होंने तो शत्रु के छक्के छुड़ाने के पश्चात् ही वीर गति प्राप्त की है। अभी आपको निराश होने की क्या आवश्यकता है, आपके पास तो ब्रह्मा की दी हुई शक्ति है। उसी से आप सेना सहित राम का नाश कीजिये। हम सब

भी आपके साथ चलेंगे। आप अभी शोकाकुल हैं विश्राम कीजिये। हमें रणभूमि में जाने की अनुमति दीजिये।"

त्रिशिरा के इन वचनों को सुनकर रावण को कुछ धैर्य बँधा और उसने अपने पुत्रों को युद्ध में जाने की अनुमति दे दी।

14

मेघनाद वध

• मेघनाद वध

विभीषण ने क्रोध करके अग्नि के समान बाणों की बौछार करके राक्षस सेना का विनाश करना आरम्भ कर दिया। विभीषण की बाणवर्षा से प्रोत्साहित होकर वानर सेना पूरे बल से हनुमान के नेतृत्व में शिला और वृक्ष मारकर राक्षसों को यमलोक भेजने लगी। इस महायुद्ध को देखकर देवता-दानव सबके हृदय दहल गये। पृथ्वी पर शवों के अतिरिक्त वृक्षों एवं शिलाओं के समूह से गगनचुम्बी पर्वत बन गये। वहाँ लक्ष्मण और मेघनाद के बाणों से दसों दिशाएँ आच्छादित हो गईं, उनके बाणों से सूर्य छिप गया और चारों ओर अन्धकार छा गया। तभी सुमित्रानन्दन ने मेघनाद के रथ के चारों घोड़ों को मारकर सारथि का सिर काट डाला। यह देखकर राक्षसों के उत्साह पर पाला पड़ गया और वानर सेना में फिर से नवजीवन का संचार हो गया। तभी मेघनाद लपक कर दूसरे रथ पर चढ़ गया और उस पर से बाणों वर्षा करने लगा।

मेघनाद ने जब दूसरे रथ पर चढ़कर युद्ध करना आरम्भ किया तो विभीषण को बहुत क्रोध आया। उसने पूरे वेग से गदा का वार करके उसके रथ को चूर-चूर कर दिया और सारथि को मार डाला। अपने चाचा द्वारा किये गये इस विनाशकारी आक्रमण से मेघनाद जलभुन गया और उसने एक साथ दस बाण विभीषण को मारने के लिये छोड़े। मेघनाद के लक्ष्य को दृष्टि में रखकर लक्ष्मण ने अपने तीक्ष्ण बाणों से उन बाणों को मार्ग में ही नष्ट कर दिया। अपना वार इस प्रकार खाली जाते देख मेघनाद क्रोध से उन्मत्त हो गया और उसने विभीषण को मारने के लिये वह शक्तिशाली बाण छोड़ा जो उसे यमराज से प्राप्त हुआ था। वह एक अद्भुत बाण था जिसे इन्द्र आदि देवता भी नहीं काट सकते थे और जिसके वार को तीनों लोकों में भी कोई सहन नहीं कर सकता था। इस यम बाण को अपनी ओर आता देख लक्ष्मण ने भी वह अप्रमेय शक्ति वाला बाण निकाला जो उन्हें कुबेर ने दिया था। उन बाणों के छूटने

से सम्पूर्ण आकाश प्रकाश से जगमगा उठा। वे दोनों एक दूसरे से टकराये जिससे भयानक अग्नि उत्पन्न हुई और दोनों बाण जलकर भस्म हो गये। अपने बाण को व्यर्थ जाता देख लक्ष्मण ने मेघनाद पर वरुणास्त्र छोड़ा। उस प्रलयंकारी अस्त्र का निवारण करने के लिये इन्द्रजित ने आग्नेय बाण छोड़ा। इसके परिणामस्वरूप लक्ष्मण का वरुणास्त्र निरस्त होकर पृथ्वी पर गिर पड़ा। लगभग उसी समय मेघनाद ने लक्ष्मण के प्राण लेने के लिये आसुरास्त्र नामक बाण छोड़ा। उसके छूटते ही सम्पूर्ण वातावरण में अन्धकार छा गया और कुछ भी देखना सम्भव नहीं रह गया। अपने इस सफलता पर मेघनाद ने बड़े जोर की गर्जना की, किन्तु दूसरे ही क्षण लक्ष्मण ने सूर्यास्त्र छोड़कर उस अन्धकार को दूर कर दिया जिससे पृथ्वी, आकाश एव सभी दिशाएँ पूर्ववत् चमकने लगीं।

उसी के साथ उन्होंने एक अद्वितीय बाण प्रत्यंचा पर चढ़ाते हुये यह कहकर कि 'यदि रघुवंशमणि महात्मा राम परम सत्यवादी, धर्मपरायण तथा दृढ़व्रती हैं तो हे बाण! तू शीघ्र जाकर दुष्ट मेघनाद को यमलोक पहुँचा' वेदमन्त्रों का उच्चारण करते हुये उन्होंने वह बाण छोड़ दिया। तीनों लोकों का क्षय करने की सामर्थ्य वाला वह अजेय बाण सम्पूर्ण वातावरण को प्रकाशित करता हुआ मेघनाद को लगा और उसका मस्तक उड़ाकर आकाश में बहुत दूर तक ले गया। मेघनाद का मस्तकविहीन धड़ बड़े जोर का धमाका करता हुआ पृथ्वी पर गिरा। इन्द्र को भी समरभूमि में पराजित करने वाले, सम्पूर्ण देवताओं एवं दानवों को अपने नाम से ही भयभीत करने वाले इस परम पराक्रमी मेघनाद का सुमित्रानन्दन के हाथों वध होता देख वानर सेना के आनन्द की सीमा न रही। वे बड़े जोर से हर्षध्वनि और सिंह गर्जना करते हुये राक्षसों को चुन-चुन कर मारने लगे। लंका के महत्वपूर्ण स्तम्भ तथा राक्षसकुल के परम तेजस्वी युवराज को इस प्रकार मरते देख राक्षस सेना का मनोबल टूट गया। उनके पैर उखड़ गये। कुछ साहसी राक्षस आधे मन से लड़ते रहे और शेष प्राण बचाकर लंका की ओर दौड़े। वानर सेना उस समय विजयोन्माद से उन्मत्त हो रही थी। उसने भागते हुये राक्षसों को भी न छोड़ा और उन पर निरन्तर पत्थरों से आक्रमण करते रहे। जो उनकी पकड़ में आ गये, उन्हें नाखूनों और दाँतों से चीर डाला। एक ओर राक्षस हाहाकार करते हुये भागे जा रहे थे तो दूसरी ओर ऋक्ष एवं वानर राम-लक्ष्मण की जयजयकार करते हुये उन्हें खदेड़ रहे थे। देवताओं एवं ऋषि-मुनियों के भयंकर शत्रु के मर जाने पर सब लोग प्रसन्न हो हर्षनाद कर रहे थे।

15

रावण वध

- **रावण वध**

उधर रावण रथादूर हो फिर युद्ध करने के लिये लौट आया। राम पृथ्वी पर खड़े होकर रथ में सवार रावण से युद्ध करने लगे तो देवराज इन्द्र ने उनके पास अपना रथ भिजवाकर प्रार्थना की कि वे उस पर सवार होकर युद्ध करें। दोनों ही पराक्रमी वीर रथों पर सवार होकर भीषण युद्ध करने लगे। उनके अद्भुत रण-कौशल को देखकर दिग्गज वीरों भी रोमांचित होने लगे। इधर रावण ने नागास्त्र छोड़ा तो उधर श्रीराम ने गरुड़ास्त्र। रावण ने इन्द्र के रथ की ध्वजा काट डाली और घोड़ों को घायल कर दिया। रावण के बाणों से बार-बार आहत होने के कारण श्रीराम अपने बाणों को प्रत्यंचा पर नहीं चढ़ा पा रहे थे। जब रावण ने उन पर शूल नामक महाभयंकर शक्ति छोड़ी तो राम ने क्रोधपूर्वक इन्द्र द्वारा दी हुई शक्ति छोड़कर उस शूल को नष्ट कर दिया। फिर उन्होंने लगातार बाण वर्षा करके रावण को बुरी तरह घायल कर दिया। रावण की यह दशा देखकर उसका सारथी उसे रणभूमि से बाहर ले गया। अपने सारथी के इस कार्य से रावण को बहुत क्रोध आया और उस फटकार कर उसने रथ को पुनः रणभूमि में ले चलने आज्ञा दी।

श्रीराम के सम्मुख पहुँचकर वह फिर उन पर बाणों की वर्षा करने लगा। दोनों महावीर महारथियों के बीच फिर ऐसा भयंकर युद्ध आरम्भ हुआ कि वानरों और राक्षसों की विशाल सेनाएँ और पराक्रमी वीर अपने हाथों में हथियार होते हुये भी निश्चेष्ट होकर उनका रणकौशल देखने लगे। राक्षसों की दृष्टि रावण के पराक्रम पर अटकी हुई थी तो वानरों की श्रीराम के शौर्य पर। श्रीराम को अपनी विजय पर पूर्ण विश्वास था और परिस्थितियों को देखते हुये रावण समझ गया था कि उसकी मृत्यु निश्चित है। यह सोचकर दोनों रणकेसरी अपनी पूरी शक्ति से युद्ध करने लगे। पहले रामचन्द्र जी ने रावण के रथ की ध्वजा को एक ही बाण से काट गिराया। इससे क्रोधित होकर रावण चारों ओर गदा, चक्र, परिध, मूसल, शूल तथा माया निर्मित शस्त्रों की वर्षा करने लगा। दोनों ओर से भयानक घात-प्रतिघात होने

लगे। युद्ध विषयक प्रवृति और निवृति में दोनों ही रणपण्डित अपना-अपना अद्भुत कौशल दिखाने लगे। सनसनाते बाणों के घटाटोप से सूर्य की प्रभा लुप्त हो गई और वायु की गति भी मन्द पड़ गई। देव, गन्धर्व, किन्नर, यक्ष, सिद्ध, महर्षि सभी चिन्ता में पड़ गये। तभी अवसर पाकर महाबाहु राम ने एक विषधर समान बाण छोड़कर रावण का मस्तक काट डाला, परन्तु उसके स्थान पर रावण का वैसा ही दूसरा नया सिर उत्पन्न हो गया। जब श्रीराम ने उसे भी काट डाला तो वहाँ तीसरा शीश प्रकट हो गया। इस प्रकार बार-बार शीश कटने पर भी उसका अन्त नहीं हो रहा था।

यह दशा देखकर इन्द्र के सारथी मातलि ने कहा, "प्रभो! आप इसे मारने के ब्रह्मास्त्र का प्रयोग कीजिये। अब उसके विनाश का समय आ पहुँचा है। मातलि की बात सुनकर रघुनाथ जी को ब्रह्मा के उस बाण का स्मरण हो आया जो उन्हें अगस्त्य मुनि ने दिया था। उन्होंने रावण की छाती को लक्ष्य करके वह बाण पूरे वेग के साथ छोड़ दिया जिसने रावण के हृदय को विदीर्ण कर दिया। इससे रावण के प्राण पखेरू उड़ गये। रावण को मारकर वह बाण पृथ्वी में समा गया और पुनः स्वच्छ होकर श्रीराम के तरकस में लौट आया। रावण के विनाश और श्रीराम की विजय से समस्त लोकों में हर्ष की लहर दौड़ गई। चारों ओर श्रीराम की जयजयकार होने लगी। वानर सेना में आनन्द का पारावार न रहा। प्रत्येक सैनिक विजय गर्व से फूला न समाता था।

पराजित और मरे हुये भाई को देखकर विभीषण अपने आँसुओं को न रोक सका और वह फूट-फूट कर विलाप करने लगा और कहने लगा, "हे भाई! अहंकार के वशीभूत होकर तुमने मेरी, प्रहस्त, कुम्भकर्ण, इन्द्रजित, नरान्तक आदि किसी की भी बात न मानी। उसी का फल यह सामने आया। तुम्हारे मरने से नीति पर चलने वाले लोगों की मर्यादा टूट गई, धर्म का मूर्तिवान विग्रह चला गया, सूर्य पृथ्वी पर गिर पड़ा, चन्द्रमा अन्धेरे में डूब गया और जलती अग्नि शिखा बुझ गई।"

विभीषण को इस प्रकार विलाप करते देख श्रीराम ने उसे समझाया, "हे विभीषण! तुम्हें इस प्रकार शोक नहीं करना चाहिये। रावण असमर्थ होकर नहीं मरा है। उसने प्रचण्ड पराक्रम का प्रदर्शन किया है। इस प्रकार क्षत्रिय धर्म का पालन करते हुये मरने वालों के लिये शोक नहीं करना चाहिये। युद्ध में सदा विजय ही विजय मिले, ऐसा पहले भी कभी नहीं हुआ है। यह सोचकर उठो और संयत मन से प्रेत कर्म करो। मैं इसमें तुम्हें पूरा सहयोग दूँगा। बैर जीवनकाल तक ही रहता है। मरने के बाद उस बैर का अन्त हो जाता है। इसलिये यह जैसा तुम्हारा स्नेहपात्र है, उसी तरह मेरा भी है।"